Faire face

DE LA MÊME AUTRICE

Je suis une créature émotionnelle, Éditions 10/18, 2001

Les Monologues du vagin, Denoël, 2005, 2015

Un corps parfait, Denoël, 2007

Des mots pour agir, Éditions des Femmes, 2009
– avec Mollie Doyle

Dans le corps du monde, Éditions 10/18, 2014

Enfin insécurisée.
Vivre libre malgré le totalitarisme sécuritaire, Denoël, 2015

Pardon, Denoël, 2020

V
(anciennement Eve Ensler)

Faire face

Une vie de lutte et d'espoir

Traduit de l'anglais (États-Unis)
par Mona de Pracontal

DENOËL
& D'AILLEURS

Titre original :
Reckoning

Pour le cocon
— Paula, Celeste, Tony, Alixa, Alia et Pablo

« S'excuser ne suffit pas… Il faut une prise de responsabilité plus profonde – qui nous amène aux lisières de nous-mêmes. Qui nous permette de remarquer que nous sommes des palimpsestes de couleurs et que ce que, ou ce qui, nous sommes est en constante création. Le pardon est un effacement des dettes ; la réconciliation un brouillage des limites. »

Báyò Akómoláfé

NOTE DE L'AUTRICE

Quand j'emploie le mot « femmes » dans ce livre, je l'entends dans son sens large et inclusif.

INTRODUCTION

Ce livre parle de ralentir, d'évaluer et de regarder, de regarder véritablement. Il parle de prise de responsabilité et de malaise. Il parle de se souvenir et d'honorer les êtres et les instants les plus vulnérables. Il parle d'amour perdu et du besoin de contact physique qui nous étreint dans les périodes de solitude. Il parle de démolir des murs et se demande pourquoi nous en construisons. Il parle de l'époque du sida et d'un monde de féminicides sans fin. Il parle du chagrin, des traumatismes, d'un virus qui se déchaîne, et il parle de l'écriture.

Il parle de *prendre acte*.

J'ai eu la chance de parcourir le monde, de découvrir une variété exceptionnelle d'accents et de senteurs et de me déhancher au rythme de la résistance dans une multitude de langues musicales. Je ne fais pas les choses en touriste. J'ai passé ma vie dans des prisons, des théâtres, des foyers pour sans-domicile et sans-abri, des camps de réfugiés, des centres de détention, des centres pour femmes, des cafés et des lieux clandestins. J'y ai appris le monde, principalement à travers les visages, les corps, les cicatrices et les histoires de femmes qui ont subi les pires blessures mais parviennent à transformer leur douleur en action radicale, en nouvelles formes de leadership, en art, en jardins, en remèdes et en guérison.

Je n'ai jamais été capable de séparer nettement le politique de la sphère privée. Je crois, comme l'écrit la grande poétesse Adrienne Rich, aujourd'hui disparue, que « l'instant où un sentiment pénètre dans le corps / est politique. Ce contact-là est politique ».

Les pays ne m'intéressent pas. Ce sont des démarcations arbitraires, des divisions tracées à coups de couteau par des patriarches via le vol, la cupidité, le colonialisme, la propriété et la violence. Le plus souvent, il s'agit de terres volées aux autochtones au prix fort d'un génocide. Je n'ai pas la moindre fibre patriotique. Mon aversion pour les drapeaux est très prononcée : ils me donnent envie de vomir. Je blêmis quand j'entends l'hymne national ou une phrase du genre : « Nous sommes le plus grand pays au monde. » Je ne suis pas un pays. Mon unique loyauté va à la bonté, à la dignité, à la liberté, à l'égalité et à la force vitale.

J'ai toujours écrit sur le monde avec mon corps autant qu'avec mon cerveau. Je fais confiance à mon corps. Le besoin de survivre m'a dotée d'un sens de l'intuition affûté. Et je suis extrêmement perméable. Peut-être est-ce de naissance, peut-être – c'est le plus probable – l'assaut de violences que j'ai subies petite a-t-il déchiré un voile nécessaire qui avait pour fonction de me protéger de souffrances insupportables. Quelle qu'en soit la cause, ça a été tout à la fois une chance et une malédiction. J'ai dû apprendre à vivre privée d'une épaisseur de peau indispensable. J'ai échoué, la plupart du temps, et fini par développer une tumeur à l'utérus grosse comme une mangue. Trop de choses pénétraient en moi. C'était il y a treize ans. Depuis je suis partie vivre dans les bois, lovée dans la verdure, sous le vaste ciel, parmi les ruisseaux, les robiniers et les saules immenses.

Le Covid a tout à la fois arrêté et élargi le temps. Il a obligé nombre d'entre nous, les privilégiés qui avions la chance de ne pas travailler en première ligne, à nous replier, nous retirer. Nous nous sommes retrouvés confinés avec nos passés respectifs, nos souvenirs, nos peurs et nos déceptions, et avec les accablantes tragédies du monde à portée de clavier. Le virus nous forçait à cesser d'avancer, d'accumuler, d'engranger. Pour beaucoup d'entre nous, en particulier dans le monde du théâtre, les sources de travail se sont taries. Le théâtre n'était plus. Ce qui jusqu'alors nous avait offert du sens et de la valeur, une identité et une fiche de paie, a soudain disparu. Les voyages ont cessé. Nous ne pouvions échapper ni à nos angoisses ni à nous-mêmes. Il y avait une part de hasard dans tout ça, comme un jeu de chaises musicales à l'échelle cosmique. L'endroit où vous vous trouviez quand la musique s'est arrêtée, les gens avec qui vous étiez, sont devenus le cocon ou la boîte de Petri de votre minutieuse métamorphose.

Avant la pandémie, nous étions nombreux à vivre à la vitesse de la lumière et de l'ambition. Nous consommions les lieux, les expériences et les relations, pareils à des serpents qui avalent d'un coup leurs proies. Jamais nous ne mâchions ni ne digérions. Moi-même, j'allais d'un pays à l'autre, d'une conférence à l'autre, d'un spectacle à l'autre.

Je n'avais pas le temps d'absorber, de réfléchir, d'intégrer ni de comprendre.

Je n'avais pas le temps de prendre acte. Prendre acte n'a jamais été notre fort, ici aux États-Unis. Nous vivons dans un avenir presque toujours sur le point d'arriver. Notre pays est mû par cinq verbes essentiels : produire, extraire, consommer, oblitérer, gagner. Prendre acte, et tout ce qui s'y rattache – la réflexion, le travail de compréhension et la prise de responsabilité notamment –, nécessite du temps et de l'attention. Cela demande du calme, une plage de vide.

Vivre aux États-Unis m'a toujours donné l'impression d'être dans la peau d'une criminelle en cavale. Nous sommes un peuple qui court. Nous courons d'une maison neuve à une maison plus belle, d'un iPhone à un autre iPhone, d'un État à un autre État, jamais satisfaits, toujours affamés. Fuyant familles, traumatismes, sentiments douloureux, chagrin. Fermant les yeux et fuyant la responsabilité. Fuyant le crime originel : la honte et la culpabilité des débuts de ce pays volé aux autochtones. Fuyant quatre siècles d'esclavage et leur escorte d'avilissement et de violence envers les Noirs.

Vivre aux États-Unis a toujours été une expérience à couper le souffle. Et cela même avant le temps du Covid, où la difficulté à respirer est devenue une catastrophe collective. Le Covid lui-même est un virus respiratoire qui a mis des milliers de personnes sous l'assistance d'un ventilateur et fait rendre leur dernier souffle à des millions d'individus dans le monde. Le temps du Covid, celui du genou d'un policier blanc sur la nuque de George Floyd, qui le vide littéralement de son souffle au long de neuf atroces minutes publiques. Le temps du Covid et les incendies de Californie, qui étouffent le souffle de la terre sous la fumée – des millions d'oiseaux qui tombent du ciel, asphyxiés.

Avant le Covid, déjà, notre monde s'accélérait, happé par des technologies toujours plus agiles qui nous pilotaient, nous connectaient, nous tweetaient et nous annulaient. Notre corps collectif courait de plus en plus vite, mû par l'impression permanente que quelque chose ou quelqu'un nous talonnait, s'apprêtait à nous attraper et nous dévorer. Peut-être, en effet, cela a-t-il fini par se réaliser. Peut-être le Covid a-t-il ralenti les choses suffisamment longtemps pour que nos fantômes nous prennent au collet. Les miens, en tout cas, s'en sont donné à cœur joie tout au long de cette retraite virale involontaire.

Dans le même temps, le monde se fissurait. Tout ce que nous avions tenté, en tant que pays, d'ignorer, d'enfouir ou de nier sautait maintenant aux yeux, brusquement agrandi et brûlant. Les injustices, l'indifférence, la cruauté présente au cœur même de l'empire américain se manifestaient en temps réel. Nous avons été témoins de la facilité avec laquelle le gouvernement trumpien laissait les gens tomber malades et mourir par centaines, puis par milliers, puis par centaines de milliers, dans un pays disposant de toutes les avancées et les moyens modernes. Il n'y avait aucune réflexion, aucun plan ni même aucune inquiétude ; rien pour tenter de sauver les multitudes à l'agonie, lesquelles mouraient trop vite pour qu'on ait le temps de s'en rendre compte et de les pleurer. En raison d'inégalités systémiques, les Noirs et les personnes à la peau brune étaient trois fois plus nombreux que les Blancs à contracter le virus et en mouraient deux fois plus vite. On laissait les soignantes et soignants exposé·e·s, sans protection, les envoyant travailler avec des sacs-poubelle sur le dos en guise de blouses. On utilisait les femmes pour sauver la communauté en les sacrifiant sans états d'âme. Partout, les veines éclatées du capitalisme raciste et patriarcal se vidaient de leur sang.

Le Covid a brutalement amené à prendre acte, et pour ceux qui avaient construit leur vie de façon à éviter d'aussi radicales confrontations, le virus eut l'effet d'un choc.

Que cela signifie-t-il, au juste, de prendre acte, et pourquoi est-ce tellement crucial aujourd'hui ? Prendre acte nécessite de se souvenir, de reconnaître les choses et d'en rendre compte. Il faut être capable d'une certaine humilité, être prêt à faire le bilan et à examiner en profondeur et courageusement ce qui est souvent juste devant nous, mais que nous refusons de voir. Cela demande d'établir à la fois sa responsabilité et celle du collectif, ainsi que la façon dont les deux se recoupent et le moment où elles le font. Et par essence, cela force à admettre des erreurs, à demander pardon pour d'éventuels crimes ou mauvaises actions, à changer de cap s'il le faut.

Ces quarante-cinq dernières années, j'ai tenu divers journaux. J'ai des piles d'écrits constellés de taches de café. J'ai rédigé des monologues, des pièces, des articles, des essais, des fables, des discours, des diatribes et des poèmes. Le Covid m'a permis de prendre le temps d'examiner ces écrits, de cartographier les obsessions et curiosités qui ont été les miennes tout au long de ma vie, et de les rassembler dans un livre de vérité.

Je me suis efforcée d'organiser ce travail de manière thématique plutôt que chronologique, en tirant un bilan, en *prenant acte*, en ôtant une à une des couches de défenses et de déni. Prendre acte est une anomalie à notre époque de désinformation radicale. C'est l'antidote à l'infox, à la fabrication de mensonges, aux tentatives de la droite pour enterrer l'histoire dérangeante de notre pays. Nous faisons actuellement preuve d'une réticence presque perverse à enseigner le moindre élément de notre passé qui serait susceptible de déranger ou culpabiliser nos enfants. C'est absurde, dangereux et déresponsabilisant. Nous, et nos enfants avec, finirons par nous noyer dans la mer polluée de l'amnésie collective. C'est seulement en étant prêts à affronter la tempête, à traverser les flammes et à nous confronter à la vérité que nous naissons à nous-mêmes, aux autres et à un avenir viable.

Ce livre prend acte des mythes et récits qui ont guidé ma vie et qui avaient besoin d'une mise à jour. Il prend acte des pertes et des contradictions. Il prend acte de la douleur. Il y a encore tant de douleur non ressentie consciemment, non partagée, non traitée.

À de nombreux égards, ce livre emprunte la forme même de la douleur. Il procède par associations, il est fragmenté et déconnecté du temps. Il amasse à mesure qu'il avance. Il se soucie moins de la logique que du cœur. Il a sa trajectoire propre.

C'est donc aussi un livre sur l'écriture.

J'ai toujours eu besoin d'écrire. C'est la façon dont je me suis trouvée, dont j'ai su que je pouvais exister hors du périmètre des forces oppressives et violentes qui avaient déterminé, quand j'étais encore très petite, que je serais mauvaise et bonne à rien. Par l'écriture je me suis forgé un autre personnage et j'ai pu ainsi ouvrir, entre le *je* interne et le *je* externe, un dialogue qui offrait une identité et une capacité d'agir à la part de moi-même que j'appellerai la survivante.

L'écriture m'a sauvée du suicide, de la folie. Ou du moins tirait-elle quelque chose de la folie. Écrire, c'était témoigner. C'était accuser, confesser, exhumer, se libérer. Agencer des mots : une façon de poser des briques, de bâtir une construction, voire de m'y tenir un moment ; de donner du sens au chaos et à la violence. J'étais capable de créer de la beauté. J'étais capable de trouver ma famille. Car sans un miroir qui reflète notre être, comment savoir que nous existons ? L'écrivain Mark Matousek écrit : « On apprend le monde sur le visage de sa mère. » Mais si ce visage est impénétrable et dur ? Si cette mère n'a pas d'yeux pour vous, ni d'énergie ? Quel monde allez-vous trouver ou apprendre, en ce cas ?

Mot après mot, je me suis frayé un chemin d'existence. Chaque vers, chaque essai, chaque pièce, article ou livre a été un rempart contre ma disparition imminente. Et comme vous pouvez l'imaginer, une existence construite sur une accumulation et un agencement de syllabes, de noms et de verbes est une proposition des plus précaires. Car il y a bien sûr le risque que la lectrice ou le lecteur ne comprennent, n'apprécient ou ne respectent pas ce qu'a écrit l'autrice, la précipitant ainsi dans la fournaise ardente d'un surcroît de rejet et de solitude.

On est toujours en échec quand on écrit. On est toujours à un pas, un mot, de ce qu'on avait eu l'intention de dire. Et, à certains points de vue, cet écart, ce gouffre d'impossibilité affaiblit davantage que la souffrance originelle, quelle qu'elle soit. Car il est une nouvelle preuve de sa stupidité, de son incompétence et de sa faillite à produire du sens.

Écrire est une affaire dangereuse. Virginia Woolf sombrait dans la dépression chaque fois qu'elle terminait un livre, persuadée de son échec total – et ce jusqu'à son dernier : après l'avoir achevé, elle entra dans un étang, les poches remplies de pierres, et n'en ressortit pas. Je mentirais si je n'avouais pas que j'ai souvent éprouvé le désir, en relisant un texte que j'avais écrit, de me mutiler jusqu'à la dernière once de ma chair. Je me raconte l'histoire assez pitoyable que je serai un jour l'écrivaine que j'avais rêvé d'être. Peut-être est-ce là l'unique illusion qui me fait continuer et m'empêche de remplir mes poches de pierres. « Celui-ci, celui-ci sera le bon. Celui où les mots colleront au sens, au désir, aux détails infinitésimaux de la réalité. Celui où j'aurai enfin surmonté les fissures de la perte de mémoire et de la fragmentation de l'intelligence qui m'ont été infligées, enfant, par les coups et le viol. Celui où par l'écriture je me serai réparée, moi et mes mots, où la langue aura une luminosité spécifique et exhalera une grâce et une clarté divines. Celui-ci sera le bon. »

Seulement j'ai presque soixante-dix ans, à présent. Le temps presse. Quelqu'un a dit un jour qu'il fallait être follement arrogant pour écrire, pour croire ses pensées véritablement susceptibles d'intéresser les autres. Mais il se peut aussi qu'écrire soit une question de survie. Une façon de circonvenir le foutoir, de refuser de se laisser balayer par la tyrannie d'autrui ; un cri dans le noir.

Nous faisons de notre mieux. Parlons le plus à l'os possible.

Avançons toujours plus profondément dans la chambre noire de la vérité, qui nous appelle à être son complice. Disons ce que toutes les cellules de notre corps nous exhortent à taire. Franchissons les garde-fous, les tabous et les ronces du non-dit.

Ce qui implique que je reconnaisse ici, sur la page, qu'au fond de moi et pour une grande partie de ma vie, je me suis perçue comme n'étant rien. Rien de rien. Que je prenne acte du fait que je sais que ces années sur terre auront peut-être été une tentative héroïque et souvent ratée pour partir de rien – pour défaire les bandages qui entourent ma tête et découvrir de la substance et de la valeur au lieu d'air et de vide.

Je suis assez âgée, maintenant. Déplacée dans notre cult(ur)e de la jeunesse, des followers et de TikTok. Mais j'écris quand même. J'écris ; j'écris dans les derniers vestiges de la nuit et soudain le soleil enflamme les branches bordées de cristal des arbres d'hiver, émaillant l'azur de lumineux diamants d'étoile. Je suis ici et n'y suis pas. En train de disparaître et enfin partie. Et peut-être la prise en acte la plus profonde est-elle que ce néant que j'ai toujours redouté n'a pas de quoi faire peur. Qu'il pourrait bien n'être que le lieu d'où nous venons ainsi que le vaste vide accueillant qui nous invite à rentrer chez nous. Que ce que j'ai nommé existence pourrait être juste un désir brûlant de serrer les autres dans mes bras, ici, maintenant, avant de m'en aller.

Les mots brûlaient

1993

À dix ans, j'ai demandé à mon père si je pouvais aller jouer avec Judy, ma meilleure amie. Nous habitions le même pâté de maisons et je l'adorais. Mon père m'a dit non. Je lui ai demandé pourquoi. Il a dit : « Parce que j'ai dit non. » Ça l'a mis en colère que je demande pourquoi. « Pourquoi » était la question qu'il détestait le plus. Ma déception se lisait sur mon visage. Il m'a dit de sourire. J'ai répondu que je n'avais pas envie de sourire, que je n'avais aucune raison de sourire. Il m'a dit que j'avais intérêt à sourire. Il l'a répété plus fort. Je n'ai pas souri et il m'a asséné une gifle en pleine figure, et j'ai voltigé en travers de la pièce pour m'écraser brutalement contre le mur. Je me souviens d'avoir été très surprise – surprise comme on le serait par une bombe. Je me souviens d'avoir souri, alors, d'un sourire idiot de marionnette, qui me faisait mal aux joues.

Je me souviens de ce moment car c'est par lui que la violence est entrée en moi. C'est le moment où ma confiance a commencé de s'effilocher, le moment où j'ai pris peur, le moment où j'ai dû faire semblant d'être quelqu'un d'autre pour survivre. C'est le moment où je suis devenue l'ennemi.

À partir de là, j'ai vécu comme une prisonnière dans la maison de mon père. Tous les repères qui font un foyer – confiance, sécurité, confort – avaient disparu. Je vivais en réfugiée.

C'est dans ce paysage, dans ce désert, que j'ai découvert peu à peu et par miracle une autre part de moi. Elle n'était pas tangible, pas de l'ordre de ce qui se prouve, pas identifiable. Elle n'était pas rattachée au monde de mon père. Il ne pouvait ni la toucher ni la changer. Elle était plus grande que la violence ou le lieu. Plus forte que ses reproches ou sa souffrance. Plus intelligente que ses doutes. C'était le désir. Et c'était le mien.

Cette part de moi, je l'ai découverte à travers les mots. Les mots étaient mes amis. Les mots étaient des petits trains parcourant une campagne verdoyante. Les mots brûlaient. Les mots étaient pouvoir. Les mots ouvraient des fenêtres. Les mots me déshabillaient. Les mots complotaient. Hurlaient. Résistaient.

I

MURS

J'ai toujours été obsédée par les murs – qui a besoin de les construire, qui se voue à les démolir ? Murs. Frontières. Portes fermées. Que se passe-t-il derrière ? Prisons. Foyers pour sans-domicile. Dépôts nucléaires. Centres de rétention. Pavillons de banlieue. J'ai passé une grande partie de ma vie à chercher des moyens d'y entrer.

J'ai été bénévole pendant neuf ans dans un foyer à New York où je travaillais avec des femmes sans domicile, et pendant huit ans à l'établissement pénitentiaire de Bedford Hills où j'animais un groupe d'écriture destiné à des femmes emprisonnées pour crimes violents. J'ai interviewé des femmes dans des camps de réfugié·e·s au Pakistan et en ex-Yougoslavie. J'ai écouté des migrantes à la frontière sud des États-Unis par un froid glacial, et dans des centres de rétention à Brownsville, Texas. J'y ai trouvé des jeunes femmes et de jeunes mères avec bébés, désespérément en quête d'un endroit qui saurait les accueillir, réduites qu'elles étaient à fuir la violence et la pauvreté causées par les guerres impérialistes des États-Unis et par la crise climatique.

Dans tous ces lieux, il me brûlait de traverser les murs physiques des bâtiments, les clôtures en barbelé tout comme les récits figés et rigides qui non seulement invisibilisaient les femmes sans domicile, les femmes incarcérées, les migrantes et les réfugiées, mais les présentaient sous un jour tellement inhumain.

Et, bien sûr, ma vie entière a été un voyage voué à abattre, petit à petit, soigneusement, mes propres murs psychiques – murs que j'avais été forcée d'ériger enfant pour survivre à une violence et des sévices sexuels graves. À être assez forte pour me souvenir de ce qui m'était véritablement arrivé, et assez forte pour écrire à ce sujet en espérant que cela puisse m'aider, moi et d'autres peut-être, à trouver la liberté.

Faites l'amour, défaites le mur

Berlin, novembre 1989

Le soir du 9 novembre 1989, le mur de Berlin a commencé à tomber.

Je savais qu'il fallait que j'y sois. Pour témoigner, pour vivre ce moment historique et imprévu. Il y avait toutes sortes de gens, en provenance des quatre coins d'Allemagne et du monde entier. On les surnommait les Mauerspechte (les pics-verts du mur). Ils étaient venus avec des marteaux, des burins et des masses de pro. Ils abattaient le mur, fragment multicolore par fragment multicolore. Voici un extrait de mon journal pendant ces jours de démolition.

16 novembre

Je me réveille avec une envie de salami et le jus de la viande mouchetée de gras coule en moi comme du supercarburant. La porte de la salle de bains est en biais et on se fait mal quand on entre. J'ai les lèvres gercées comme le ciment qui se fissure et mes yeux sont des graffitis. DIE MAUER.

Ils attendent à Brandebourg. Perchés sur des miradors qui dominent l'Allemagne de l'Est. Mais aucun bulldozer ne vient. Les gardes cherchent des idées de photos plus astucieuses. Ils posent l'un avec l'autre, des roses ou des bougies à la main. Il ne manque plus qu'un numéro de claquettes.

Heinz Sokolowski, 48 ans, a été abattu le 25 novembre 1965 alors qu'il tentait de s'évader. Des enfants caracolent comme des chevaux de bois sur les pavés qui bordent le mur, ils ruent et chantent, cherchent des fragments de mur comme si c'étaient des œufs de Pâques. Les arbres perdent leurs feuilles. Ils sont presque nus. Des hélicoptères de l'armée survolent les lieux. Un groupe de garçons frappe un autre jeune avec un journal. Un chauffeur de taxi passe à l'Est. Quand on regarde par les trous du mur, on voit un étrange kaléidoscope ciselé par le martèlement humain. De l'autre côté, c'est austère et modeste. Il n'y a pas de graffitis ni de gobelets de bière vides, pas de projecteurs éblouissants, de vêtements Benetton ou de costumes de Batman. C'est vide comme une scène de théâtre. Il pourrait se passer n'importe quoi. Toute la journée, le fleuve de l'attente enfle, mais le matériel n'arrive pas.

J'arrache des morceaux du mur comme des dents récalcitrantes.

À Checkpoint Charlie, il y a un Mickey Mouse peint sur le mur. Des Américains mangent des saucisses noyées de ketchup Heinz.

Au musée, une femme est allongée toute nue, une dalle de béton entre les jambes. Les barbelés traversent la tête des gens. Lorsqu'il sera tombé, nous devrons penser dans d'autres directions que l'est et l'ouest. Nous allons lever les yeux vers le ciel et nous poser des questions sur l'ozone ; nous allons regarder nos arsenaux et nous demander ce qu'y font toutes ces armes nucléaires. Les drapeaux s'agitent encore, mais il n'y a pas de nations. Il y a un mur et il s'effondre.

Le pain est aussi dur que nos épaules gelées et je demande qu'on me réchauffe le goulash. Le soleil disparaît pendant que nous longeons le mur en contournant le bunker d'Hitler. Une chose sombre se lève et je sens de la suie dans ma bouche. Le mur devient une immense pierre tombale pour des sépultures anonymes et nous marchons sur les morts.

J'appelle M. ; sa voix est un fauteuil et je m'y laisse tomber en agrippant le téléphone vert de l'hôtel. À notre retour, il y a la lune au-dessus de Brandebourg, du vin chaud et de la bière. Un homme en noir à la moustache impeccable joue de l'orgue de Barbarie, tandis qu'une femme déguisée en ours fait applaudir la foule à coups de sifflet. Plus la Polizei afflue, plus les gens boivent. Il est minuit. Les journalistes des télés américaines présentent leurs reportages. Nous trouvons du strudel aux pommes tiède à la crème anglaise, et c'est bon comme si ma mère m'aimait.

17 novembre

Elle est au chaud dans le lit et sent l'oignon. Nous chuchotons pendant que la lune se lève sur une cuisine de Berlin sous le givre. Il y a toujours une odeur de brûlé. Elle pénètre dans tes vêtements et tu croirais que tu as fait cuire de l'agneau sur un gril.

Il y a d'énormes ballons orange et jaunes à l'effigie de Gorbatchev, son visage se presse contre la fenêtre où nous buvons notre thé. Diana Ross chante dans un café disco des années soixante-dix. Au zinc, un gars mécontent fait d'immenses ronds de fumée. Une barmaid a un bouton de fièvre. Les queues pour entrer en Allemagne de l'Ouest étaient si longues qu'ils ont cessé de contrôler les passeports. Ici, de l'autre côté, personne ne fait de courses. L'Est poursuit sa progression vers l'ouest tel le Missouri. Si ce n'était le communisme, on penserait à la morale puritaine.

Le gouvernement continue d'annoncer la révolution, mais tout a changé aux yeux des Allemands de l'Est qui scrutent les vitrines de Benetton.

Au mur, c'est un défilé international – le soleil est une boule à facettes qui fait clignoter les couleurs des peintures délavées, les slogans et les graffitis sous un vent glacial. Une femme aux cheveux blancs, joues roses et panier au bras racle la peinture qui s'effrite et recueille la poussière. Un grand gars assène des coups de tout son corps, en soulevant des gerbes de débris. Un homme en chemise écossaise escalade une brèche déchiquetée ; il perd une chaussure et son ami la lui remet au pied. Chaque fois que quelqu'un commence à marteler, les gens se rassemblent comme un chœur autour de la soprano. C'est un opéra. FAITES L'AMOUR, DÉFAITES LE MUR.

Nous partageons une salade, du fromage, des olives, diverses laitues, et la vinaigrette est sucrée à nos lèvres. Elle me masse le dos sur un banc, au centre de Berlin.

Il est 17 heures au Woolworth. Nous sommes à la recherche d'un marteau et d'un gant gauche. À l'intérieur l'éclairage est vif et le magasin bondé. Les Allemands de l'Est vont et viennent avec frénésie, des paniers orange vides à la main. Ils les tiennent à la verticale comme des écureuils pendus par les pattes. ENFIN LIBRES. LIBRES TÉMOINS DE NOS PRIVATIONS. Une musique d'ascenseur flotte au-dessus de ces clients désorientés, comme un visa refusé.

Dans l'obscurité froide nous nous sentons ramenés vers le mur, où l'air sur les pavés nous engourdit les pieds. Nous y trouvons un Rom qui vient à son endroit habituel tous les soirs, et qui martèle pour pouvoir passer son corps, martèle pour pouvoir aller s'asseoir avec le garde de l'autre côté. Nous restons debout près de lui dans cette folle nuit de novembre et fermons les yeux comme des enfants. Une pluie de cailloux s'abat sur nous, et ce n'est qu'une chose de plus qui éclate.

Ladies

1989

Les années quatre-vingt de Ronald Reagan et de sa politique du ruissellement furent catastrophiques pour les pauvres et les classes moyennes. Les États-Unis souffrirent d'un chômage élevé, de la destruction du logement à prix abordables, de la désinstitutionalisation des patients psychiatriques jetés à la rue sans traitement, et de coupes draconiennes dans l'aide sociale. De nombreuses personnes ont été ainsi menacées de se retrouver sans logement. On estime le nombre des sans-domicile aux États-Unis durant cette période de deux cent cinquante à cinq cent mille.

Un jour, dans ma rue à Manhattan, je n'ai plus pu continuer à passer devant tant de gens qui avaient faim et souffraient. Encouragée par ma chère amie Paula Allen, j'ai rejoint le Centre d'accueil Olivieri de la 30e Rue en tant que bénévole. J'ai tiré ma pièce, Ladies, *de cette expérience. Elle avait pour cadre le paysage existentiel d'un foyer pour femmes sans domicile et sans abri à New York, et s'inspirait librement des femmes que j'avais entendues au fil des huit années passées là-bas.* Ladies *fut donné en 1989 au* Theater at St Clement's[1], *dans*

1. Théâtre new-yorkais au centre de Manhattan. *(Toutes les notes sont de la traductrice.)*

une mise en scène du Music-Theatre Group. Aujourd'hui il y a plus d'un demi-million de personnes sans domicile aux États-Unis. En moyenne, une personne sans domicile ne dépasse pas l'âge de cinquante ans. Voici des monologues inspirés par des femmes que j'ai rencontrées.

NICKIE

C'est ce qui arrive quand on vit à la rue depuis trop longtemps. Tout se mélange, comme des œufs brouillés pas cuits. Chaque partie de toi dégouline dans l'autre. Tes émotions sont comme tes affaires que t'as fourrées dans un putain de sac Woolworth à deux balles. Au bout d'un moment tu sais même plus ce qu'y a dans le sac et t'en as plus rien à fiche. Tout ce que tu sais, c'est qu'il est lourd et que tu dois le trimballer partout avec toi parce que aucun endroit n'en veut. Aucun endroit te laisse le mettre là. Et un soir tu finis par dire et merde, fait chier le sac, et tu le laisses. Tu sors, tu reviens deux jours plus tard et il est plus là. Tu te comportes comme si t'étais vraiment furieuse. Qui a fait ça ? Qui a pris mon putain de sac ? J'ai tout, dedans. Mais, au fond de toi, t'es soulagée parce qu'il a disparu et, du coup, toi aussi, d'une certaine façon, tu as disparu, et tu te sens mieux comme ça. Enfin, en quelque sorte.

ALLEGRO

Ils nous envoient tout le temps dans des lieux délabrés. Je suis comme tout le monde, j'aime les jolies choses. C'est pas parce que je suis pauvre que je n'ai pas de goût ni de sentiments. Je ne veux pas de vos sales rebuts. Je veux une maison où je puisse me sentir élégante et importante, où je n'aie pas honte d'inviter mes amis. Le propriétaire dit que je devrais m'estimer heureuse. C'est un toit. C'est comme les gens qui déposent leurs vieilles fringues qui empestent.

Je devrais leur être reconnaissante. Ça leur dirait de les porter encore, ces vêtements ? Non, ils viennent juste de vider leurs placards pour pouvoir s'acheter de nouvelles affaires. Un propriétaire souhaite-t-il vivre dans un taudis ? Non. Ne me dites pas de me taire. Nous nous taisons tous depuis trop longtemps. Mettez-nous dans des maisons dignes de ce nom et nous nous tairons.

J'étais drôle, à une époque

New York, 1989

Un jour une femme terriblement émaciée est arrivée au Centre d'accueil Olivieri. On aurait dit qu'elle émergeait d'une chambre de torture souterraine. Elle avait les bras et les jambes constellés de brûlures de cigarettes. Ses cheveux s'effritaient, littéralement. Elle était couverte de poussière. Elle allait mourir, c'était évident. Je l'ai tout de suite mise dans un taxi et emmenée aux urgences. Même dans cet état de mort imminente, elle faisait des plaisanteries sur ses charmes. Je voyais bien qu'elle était drôle. J'ai écrit ce texte pour elle.

Il fait sombre là où je suis. C'est gris et intemporel et personne ne vient. Les bords sont flous. Les bords sont des trous remplis d'une boue épaisse et âcre qui sent le soufre, parfois, le sang des règles et l'urine. Ça fait trois ans que je n'ai pas de réveil à côté de mon lit. Que je n'ai pas de lit. Pas de lit fixe auquel je puisse retourner, de lit moelleux et accueillant. Je suis un gros bout de viande de vache sur un étal. On me déplace beaucoup. On me déplace de tables métalliques en lits de camp. Parfois je suis une pièce de viande de vache sur deux chaises dures en plastique orange. Parfois je suis sur du béton. Parfois les mouches se posent sur moi et je ne les chasse pas. Elles baisent sur moi et pondent des œufs. Les œufs s'enfouissent dans ma peau. Je sens les insectes et d'horribles petites bestioles qui éclosent à même ma peau. Quand je me touche les cheveux, j'ai l'impression d'avoir une perruque. Ils sont comme les cheveux des morts quand on les a préparés pour le cercueil. Ça existe, les maladies capillaires. Quand je me suis touché les cheveux hier, un paquet entier m'est resté dans la main. Ça ne ressemblait pas à mes cheveux, mais j'ai senti une plaque chauve sur mon crâne. Les souvenirs me blessent comme des cailloux pointus contre mes tempes. J'étais drôle, à une époque. Je racontais des histoires aux cocktails et les gens s'attroupaient, la bouche ouverte, riant de leurs dents blanches, grisés par ma compagnie. J'étais amusante. J'étais drôle. Je portais des vêtements de soie. Je lisais des livres compliqués. J'avais les ongles propres. J'avais un portefeuille et des photos. J'avais un téléphone et des draps de coton. Ici, j'ai arrêté de parler à voix haute. Les mots font mal, ils me blessent en sortant de moi. Ils me rappellent que je suis sale. Ils me rappellent que j'ai arrêté de me laver. Arrêté de bouger. Arrêté d'avoir envie. Les mots sont comme les gens, séparés de moi, et ils me quittent aussitôt qu'ils sortent. Je veux garder mes mots. Je veux qu'ils restent. C'est ma seule famille.

Vous avez peur de moi. Je vous vois. Qui ne me regardez pas. Qui faites un gros effort pour ne pas me regarder. Vous avez peur d'être contaminés par ma pauvreté. La pauvreté est contagieuse. Je vous dégoûte. Vous détestez mon désespoir. Je suis le vivant rappel que tout peut arriver. Que nos cerveaux sont changés par les tragédies. Qu'il leur arrive de casser net. Je suis le vivant rappel que les sévices vous rattrapent. Qu'ils peuvent vous faire oublier votre nom. Qu'ils peuvent vous faire perdre votre chemin. Qu'ils peuvent vous faire faire pipi sur vous et ne pas bouger de la tiédeur mouillée, car vous vous y sentez ailleurs, et en sécurité.

600

Kingston, New York, novembre 2019

Je suis hantée par une lettre adressée au Premier ministre d'Australie et à un membre du Parlement australien, écrite et signée par six cents demandeurs d'asile emprisonnés dans un camp de détention sur l'île de Manus, en Papouasie-Nouvelle-Guinée. Il s'agit là de gens qui essayaient de gagner l'Australie en bateau depuis les pays où ils étaient persécutés. Ils ont été interceptés par la marine australienne et emmenés sur des îles reculées, où ils sont détenus depuis des années sans recours légal ni aucun moyen d'en sortir.

Bonjour chers messieurs Malcolm Turnbull
et Peter Dutton,

Nous, les réfugiés et demandeurs d'asile bloqués en détention sur l'île de Manus, aimerions vous adresser cette fois-ci une requête différente.

Comme nous vous avons écrit précédemment en sollicitant votre aide sans recevoir de réponse à notre demande de libération de détention, nous nous sommes rendu compte qu'il n'y avait pas de différence entre nous et un tas de détritus, à part d'être une bande d'esclaves qui a aidé à arrêter les bateaux en vivant dans des conditions infernales. La seule différence est que nous coûtons très cher aux contribuables australiens et aux responsables politiques, maintenant que notre mission d'« arrêter les bateaux » est remplie.

Nous aimerions vous faire quelques recommandations pour mettre fin à cet immense gaspillage d'argent qui discrédite l'Australie, et pour maintenir à jamais la sécurité des frontières australiennes.

1. Un navire de la marine qui puisse (la flotte australienne de Sa Majesté est toujours prête) nous prendre tous à bord et nous balancer tous dans l'océan.

2. Une chambre à gaz (la DECMIL[1] s'en chargera avec un nouveau contrat).

3. Injection d'un poison (l'IHMS[2] apportera son aide).

Ceci n'est ni une plaisanterie ni une satire et nous vous prions de le prendre au sérieux.

Nous mourons à petit feu à Manus ; il n'y a pas un jour sans que nous soyons littéralement torturés et traumatisés et il n'y a aucun pays sûr qui nous offre sa protection, comme le dit le DIBP[3].

Sincères salutations
Joyeux Noël en avance
Les réfugiés et demandeurs d'asile de Manus.

1. Entreprise australienne historique d'ingénierie.

2. International Health and Medical Services : service australien de soins aux demandeurs d'asile.

3. Département de l'Immigration et de la Défense des frontières.

Je n'arrête pas de penser à ce que cela signifie, six cents personnes qui écrivent une lettre réclamant d'être assassinées par un gouvernement – comme ils devaient être désespérés, ces hommes, anéantis, dévalorisés, torturés, pour faire une pareille demande. Six cents. C'est le nombre de sièges à bord d'un jumbo-jet.

J'essaie d'imaginer ce que ça fait quand on ne veut de vous nulle part. Nulle part.

Avoir fui les viols et les massacres, assisté à la mort des êtres qui vous étaient le plus cher ; quitter la maison où vous avez grandi, les champs que vous connaissez par cœur, la vue des montagnes ou de la mer qui représente dans votre conscience tout ce que vous avez toujours connu comme étant chez vous. L'effet que ça doit faire d'être traité en prisonnier parce que vous arrivez. Pour le simple fait d'arriver. Je n'arrête pas de penser à la facilité avec laquelle on fait disparaître, on oublie, on détruit six cents personnes. Le caractère extrême de notre époque – le degré de cruauté et de souffrance, une méchanceté qui relève de la psychose. La trajectoire du monde va dans le sens de la criminalisation plutôt que du soin à autrui, de la punition avant l'accueil. Je n'arrête pas de repenser à Mahmoud, l'auteur de la première version de la lettre, qui disait que ça avait été la seule fois où les gens réagissaient avec enthousiasme à une lettre qu'il faisait circuler dans le camp. Je pense aux réfugiés qui y ont contribué, ajoutant les diverses méthodes par lesquelles ils souhaitaient être tués, pour certains par noyade, pour d'autres par asphyxie au gaz, pour d'autres d'une balle – direct. Les musulmans du camp ont fait la queue pour signer la lettre après la prière. Que doit-on ressentir quand on est détenu sur une île au milieu de nulle part avec un millier d'autres hommes et jeunes gens traumatisés, tous horriblement entassés, par une chaleur épouvantable, sans eau ni médicaments, battus, harcelés et haïs ? Quand on vit en permanence dans la puanteur, la touffeur irrespirable et la sueur, qu'on trouve des serpents dans sa chambre et qu'elle est inondée dès qu'il pleut ?

Les réfugiés fuyaient l'Afghanistan, le Sri Lanka, l'Irak, l'Iran, le Darfour, la Syrie, le Pakistan, et j'ai dû éplucher au moins sept articles pour trouver ne serait-ce qu'une mention de leurs origines. Les gouvernements impérialistes bombardent et profanent les corps de milliers de gens, puis ils en viennent à haïr ceux qui en réchappent – de vivants rappels qu'ils s'acharnent alors à diaboliser et démolir encore.

Je n'arrête pas de penser aux centaines de corps à moitié nus et maigres après des semaines de grève de la faim, au sang séché sur les bouches de ceux qui se sont cousu les lèvres, ou à ceux qui ont avalé des lames de rasoir, et à ces lames tailladant organes et muscles sur leur passage.

Je pense à l'angoisse profonde et au désespoir existentiel qu'il y a à vivre dans l'incertitude sans fin, à l'ennui qui se mue en véritable torture mentale. Il y a eu Reza Berati, un très beau jeune homme iranien qui est mort le crâne écrasé, piétiné dans une bousculade quand les émeutes ont éclaté. Je ne cesse de regarder sa photo.

Ça fait une semaine que je suis avec les hommes et les garçons de l'île de Manus. Je lis et relis leur lettre. Parfois je fixe du regard les arbres dénudés, rien de plus. Parfois je pleure sous la douche. Ça ne fait pas partir leur douleur. Je le sais. Mais je relirai leur lettre.

II

SIDA

C'est arrivé si vite. Soudain maigres à faire peur, luttant pour respirer ou marcher, des marques de sang sur leurs joues tendres – tombant comme des frênes à la toute fleur de l'âge.

Le virus choisissait ses cibles de façon tellement spécifique – les scandaleux, les fragiles, ceux qui n'avaient jamais été les bienvenus, ceux qui avaient de la magie sur la langue, ceux qui aimaient baiser, ceux dont les désirs abolissaient les frontières et illuminaient la nuit. Soudain, comme un énorme trou dans l'ozone culturel, ils avaient disparu.

Ange terroriste

New York, 1997

Pendant près de quinze ans dans les années quatre-vingt et quatre-vingt-dix, j'ai eu le privilège et la joie de codiriger un magazine littéraire intitulé Central Park *avec Stephen Paul Martin et Richard Royal. Tout au long des dernières années de notre collaboration, Richard s'est battu contre le sida. Il avait un sens de l'humour redoutable et un seuil de tolérance à la sensiblerie très bas. Ce texte est pour lui.*

Il a cessé de pleuvoir aujourd'hui, Richard. Les arbres avaient des petits bourgeons. Je ne vais pas écrire un poème là-dessus, je te le promets. Tu étais très grand, Richard. Tu te moquais des poètes qui écrivent sur le temps qu'il fait. Tu devenais tout rouge et des postillons fusaient parfois de ta bouche. Il n'y a pas de poésie disais-tu pas depuis Auschwitz pas depuis Hiroshima. Il n'y a pas de poésie, Richard. Pas depuis que ton corps…

trop décharné
pour s'asseoir
sur la cuvette

en attendant les tremblements
une perf avec son déjeuner
son dîner, son bonheur
son piège à germes et ulcères
invisible et jaune
une perf où il se prenait les pieds pour cause de
jambes en caoutchouc
qui lâchent
et le sang jaillissait
contre le mur carrelé

Il a cessé de pleuvoir aujourd'hui, Richard. Il y a des Kurdes malades plongés jusqu'aux genoux dans une boue glaciale. Leurs corps morts ne sont même pas ensevelis à la hâte. Nous avons fait une promenade au printemps dernier, toi et moi, Richard. Nous sommes allés au bord du fleuve et tu avais le bronzage de la tuberculose. Tu avais le crâne rasé et quand tu riais, ça te faisait mal au cerveau. Je te tenais par le bras et ton coude me piquait. Tu avais l'intention de sortir de l'hôpital. Je t'ai lu le journal. La guerre venait juste de commencer. On envoyait des troupes. Le coût de chaque missile était ta survie potentielle. Chaque tank une possibilité de traitement. L'argent est parti maintenant, Richard. Et toi aussi.

Nous l'avons emmené faire son dernier tour
dans les couloirs beiges à l'air vicié
un fauteuil inclinable sur roues
le long des chambres aux torses émaciés
le long des chambres aux amants sanglotants
et toujours à l'écran les jeux télévisés.

Richard, j'ai pressé des verres de mer sur ta poitrine et rêvé que le virus te quittait.

Je frotte la douceur de sa chair
et je sais que sa vie entière attend
que sa vie commence.

Il est blessé. Il rêve de retrouver l'appétit.
Il m'interroge sur le mien. Je parle
du sentiment amoureux quand il plante
ses aiguilles
en des endroits que lui a déjà fait taire.
Il a quarante et un ans.
Comme il tombe tout le temps
les infirmières l'attachent au lit.
Il s'abandonne à la torpeur
Comme il s'abandonnait autrefois
dans les arrière-salles des sex-shops
dans les buissons
dans les ruelles

Richard, ta mort est une obscénité. Tu n'étais pas prêt. Tu ne l'as pas invitée. Elle n'avait pas de dimension spirituelle. Les queers n'ont pas de secret désir de mort. Ce n'est pas un mal d'avoir des rapports sexuels. Le vagabondage sexuel ne mène pas naturellement à ça. Tu étais un ange, Richard. Tu étais un terroriste et tu étais mon ami. Tu étais doux et trop en colère, et les choses n'auraient jamais dû en arriver là.

À son réveil
le tube d'oxygène était sorti de son nez.
Il a touché son pénis sous
la couche pour voir s'il urinait,
pour voir s'il y avait de l'urine.

Il a cessé de pleuvoir aujourd'hui, Richard. Les arbres avaient des petits bourgeons. Je n'ai pas écrit de poème là-dessus.

Nous partons tous

New York, 1998

Tous les jours à cinq heures du matin, Sheila se met un suppositoire au melon amer dans le derrière.

Mark ne s'inquiète pas pour la caféine.

Paul est soulagé par le cathéter.

Tim prend du poids.

Ils étaient assis à la lueur des bougies. Mes amis.

Autour de la table de ma cuisine.

Mark va voir une avatar de la Mère Divine. Elle lui tient la tête en silence entre ses mains. Il ne s'apitoie pas sur son sort.

Sheila vit chez sa mère depuis un an, mais elle ne lui dit pas pour le virus parce que sa mère est accro au crack et elle en serait malade.

Paul a l'impression d'être un poisson. Il a perdu sa vision périphérique et ne peut nager que droit devant lui. Ses jambes sont des nageoires. Dans la rue, il se prend des branches en pleine figure.

Tim est un conseiller municipal influent et il emploie le mot « préservatif » chaque fois qu'il en a l'occasion.

Sheila s'est acheté un gros manteau d'hiver parce que l'air froid, c'est du plutonium. Ça s'infiltre partout.

Mark a le corps mince et sculpté. Quand il s'habille en blanc, il lui en sort des anges battant des ailes.

Le sol du studio de Paul est l'Hudson River. Des seringues hypodermiques, des boîtes de médicaments et des emballages de junk food s'y sont échoués.

Quand Sheila enseigne à l'école, les gosses croient qu'elle est enceinte tant ses fibromes sont gros.

AZT. DDL. CMV. On ne pourrait pas juste essayer ?

Paul se souvient de parties de baise crade dans le noir, sur son lino. Il n'a touché aucun corps depuis son diagnostic. Il se languit de sexe comme un étranger de sa langue d'origine.

Tim congédie ses petits amis lorsqu'ils le regardent avec trop d'attention. Il a beaucoup de rancards et n'est attaché qu'à son téléphone.

Paul reçoit une autre transfusion. Il vomit dès que le nouveau sang entre dans son corps.

Toxique/Macrobiotique. Mange donc ta crème.

Mark apporte un saintpaulia. Il ressent le besoin de parler de ses sentiments après avoir baisé, et le silence de son amant lui est une torture.

Sheila ne l'a dit qu'à deux personnes en sept ans. Elle ne sort pas. Les gens croient qu'elle est fâchée contre eux ou amère par rapport à sa carrière. Quand elle chantait, on entendait le vent souffler sur l'île.

Tim rêve de se présenter à la présidence, mais il est pris sur le vif pendant un rapport anal avec un communiste.

Quand Paul se réveille il n'y a plus de produit dans la poche. Il se croit en plein océan et suffoque.

Il n'arrive pas à se rappeler pourquoi sa mère n'est pas là.

La mère de Mark lui avait dit que tout était lié à son pénis, à la taille de son pénis surtout.

Les choses n'auraient jamais dû en arriver là.

À l'intérieur de mon sang.

À ma table.

Tim se présente pour un nouveau mandat.

Mark n'a pas peur.

Les triangles de vision qui disparaissent sans prévenir font hurler Paul.

Sheila dort.

LYMPHOCYTES T4, CHUTE, SUPPOSITOIRE AU MELON AMER.

Paul a très envie de sorbet. Ça apaise la candidose buccale.

Mark ne s'inquiète pas pour la caféine.

Tim mange des McDo sur le pouce.

Sheila ne mange que des graines et des feuilles.

Personne n'a la pneumocystose.

BOUTONS DE FIÈVRE.

Je vous aurais pris dans mes bras, alors.

Mark va à la salle de sport. Il continue à soulever des poids et à mater, à mater et à soulever des poids.

Paul n'arrive pas à sortir de la baignoire.

Les T4 de Sheila grimpent.

Tim a de nouveau perdu la voix à force de crier.

Paul reçoit une nouvelle transfusion. Ensuite ses amis se cotisent pour lui acheter une télé et un magnétoscope et il s'emballe pour *I love Lucy*.

Mark parle de l'âme. Il parle du miracle que tout le monde cherche et qui est déjà là.

Le HIV n'est pas une identité.

Les T4 ne constituent pas la seule mesure de l'inévitable.

Nous continuons à compter.

Paul cite Tchekhov haut et fort.

Tim exprime sa colère devant l'hôtel de ville. Il lance des préservatifs violets devenus collants, mais ce sont des pierres qu'il aimerait lancer.

Sheila rêve qu'on lui a demandé de donner un récital de piano. Pendant qu'elle joue elle transpire abondamment, des flots de sueur qui se changent en sang, qui se change en quelque chose qui ressemble à de la sauce brune. Puis quand les gens en smoking tentent de s'en aller, Sheila se rend compte que c'est sa merde, le caca de toute une vie, et soudain elle est heureuse et elle y met des petits bateaux et des objets en bois à flotter.

Mark ne rêve plus. Lorsqu'il ferme les yeux, des lumières jaunes entourent son cœur et son pénis. Il rit en sentant la main de la Créatrice sur lui. Il rit comme il riait à une époque, avant ses sept ans, avant que son père le quitte.

Parce qu'ils avaient soif de liens.

Parce qu'ils avaient tant envie d'être touchés.

Un grand costaud qui porte des gants médicaux en caoutchouc passe les menottes à Tim. « Merci de me protéger », dit-il au flic avec un sourire sexy, comme s'il allait lui tailler une pipe.

Paul m'appelle. Sa voix se brise. Il me demande avec une urgence de nouveau-né si je peux venir, là tout de suite.

Dans une lettre que Mark m'a écrite récemment : « Je suis d'une impatience monstrueuse à l'intérieur de moi, plein de rage devant mon incapacité à aller assez en profondeur, avec assez de passion. »

C'était cela que cherchaient ceux qui baisaient avec le plus d'acharnement.

Depuis le panier à salade, Tim salue ses électeurs de la main. Il s'aperçoit que sa joue saigne et il essaie de la couvrir.

Le virus se transmet par le sperme, le sang et le lait maternel. Le virus est transmis par nous.

Sheila a un énorme comprimé de plantes coincé dans la gorge. Elle s'imagine étouffer et ne jamais s'en sortir. Mourir et ne jamais chanter. Elle a chopé le sida en retournant avec lui pour une nuit, après sept ans. S'étouffer faute d'avaler. Ne jamais chanter. La gorge. Parce qu'elle ne craignait rien avec lui, pensait-elle. C'était son mari. Quelqu'un de familier.

Je tiens Paul dans mes bras et sa tête cogne contre mon épaule quand les larmes du grand poisson de mer jaillissent de son corps et le secouent. Je suis la sage-femme qui le fait naître à la réalité de sa mort. Son déni est le placenta qui me traverse ensuite.

Est-ce aussi dévastateur que cela en a l'air ? Ou est-ce juste parce que je les connais ?

Assis autour de ma table. Dans ma maison.

J'oblige Sheila à rester pour le thé.

Je ressers de la salade de haricots à Tim.

J'apporte des biscuits à la figue à Paul.

Mark mange à même la casserole.

Mark mange à même le ciel, dévorant les étoiles, avalant la nuit.

Sheila hurle contre le lampadaire qui aurait pu être la lune.

Tim essaie d'aider les autres à s'en sortir.

Paul porte des chaussons chinois qui sont humides à cause de ses nageoires qui fuient.

Nous comptons tous, maintenant.

Nous partons tous.

Mesures extraordinaires

New York, 1999

La pièce Extraordinary Measures *m'a été inspirée par les derniers jours de mon cher ami Paul Walker, un metteur en scène de théâtre, artiste et professeur extraordinaire, mort du sida en 1993. La pièce, montée pour la première fois par Celeste Lecesne au HERE Theater à New York en 1999, présente la mort comme leçon ultime dans l'étude de la vie. La chambre d'hôpital dans laquelle Paul gît, inconscient, maintenu en vie par des appareils d'assistance médicale (les « mesures extraordinaires » du titre), devient une tribune où son frère, ses amis et ses anciens élèves s'adressent à lui individuellement, luttant pour trouver la vérité de l'émotion devant un mentor qui ne peut plus confirmer leurs sentiments ni les remettre en cause. Dans les extraits de monologue qui suivent, Paul nous parle du fond de son coma.*

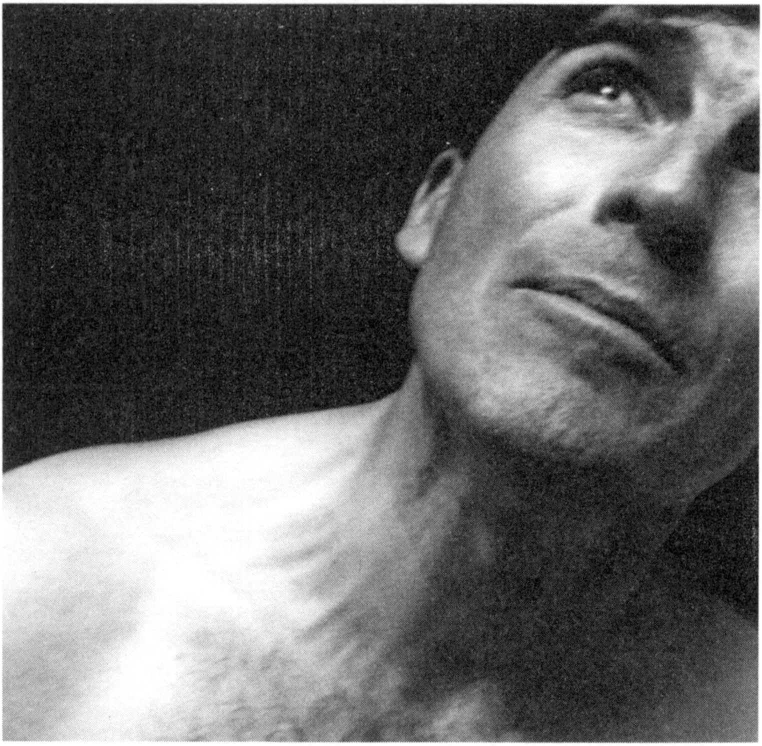

Paul

Où sont-elles ? Où sont-elles ? Je les trouve pas, putain. (Il soulève des objets, en balance d'autres autour de lui.) J'y vois rien. Je les trouve pas. Le CMV. Pas de traitement. De gros bouts de ma vue, des triangles d'espace oculaire, des champs de vision disparus, où sont mes lunettes, j'ai besoin de mes lunettes, je peux pas lire sans mes lunettes. J'y vois rien. Aidez-moi, quelqu'un. Aidez-moi, putain. (Il trouve ses lunettes. S'assied et se calme un instant, puis se rend compte qu'il n'y voit toujours rien.) J'y vois rien. J'y vois rien. Les lunettes n'aident pas. J'arrive pas à me réveiller. J'arrive pas à ouvrir l'ouverture. J'arrive pas à revenir. J'arrive pas à traverser. J'arrête pas de me réveiller, d'essayer de me réveiller à l'intérieur, et chaque fois je me réveille à l'intérieur de quelque chose de déjà différent, déjà disparu. J'essaie sans cesse de me réveiller et d'avoir les yeux ouverts. Les yeux présents. Les yeux à l'intérieur de cette chambre. Cette chambre, littéralement. Les yeux à l'intérieur du corps, à l'intérieur du lit, à l'intérieur de la chambre. J'ouvre sans cesse les yeux. Mes yeux ne sont plus comme ça. Ne sont pas des yeux. Je te vois, mes yeux. Je les vois pas. Je peux pas parler, mais ils sont là. À trois réalités de distance. Sans cesse je me réveille, réveille-toi. Réveille-toi. J'essaie de revenir. Je m'entends pas (il hurle) je suis là-dedans. Coincé là-dedans. Réveille-toi. J'arrive pas à respirer. Quelque chose me respire. Quelque chose d'imposant et d'épais. Quelque chose qui force l'air à entrer et sortir. J'arrive pas à respirer. J'arrive pas à me réveiller. J'arrive pas à revenir. Prisonnier. Prisonnier. Prisonnier. Je veux la vie. Veux respirer. Veux de l'air. Veux du soleil sur des vitres d'hôpital sales, veux de la *jelly* rouge qui fond dans ma bouche meurtrie par la candidose, je veux les cheveux de Sakaya juste après sa permanente, Audrey, je veux Audrey, je veux un public ; hello, hello, tu ne vois pas, vois-moi donc, trop gentil d'être venu, je veux l'alphabet : A, B, C, D, veux mes deux derniers mots préférés en date : trajectoire et calcaire, veux du riz au lait, de la purée, *I Love Lucy*, *I love Lucy*, James Joyce, de la pentamidine, des châteaux d'eau, *Diamants sur canapé*, je veux des oiseaux bruyants et casse-pieds, de la pluie irlandaise, de la laine irlandaise, je veux n'importe quoi que je puisse voir, n'importe quoi de vert, Terry ! Je veux être là dans la chambre avec toi, veux toucher, sentir ta peau d'hiver rêche, veux mes amis, veux me réveiller. Veux m'réveiller. Veux m'réveiller… (Voix maternelle pour se calmer.) Continue, Paul. Nage. Toujours tout droit.

Paul

J'aimais les costauds. Les Irlandais au grand gabarit. Les hommes aux grosses paluches, au dos solide, un peu bedonnants. Des hommes qui travaillaient sur les docks ou qui conduisaient des cars scolaires, des pompiers, des hommes qui passaient la journée à soulever des choses lourdes. Des hommes qui travaillaient. Des hommes qui, à leur modeste échelle, faisaient tourner le monde. Des hommes qui se sentaient seuls et qui le disaient après quelques verres. Des hommes qui avaient besoin de te pousser contre le mur dans le noir ou de t'aplatir sur le lino usé et te prendre en te faisant un peu mal parce que leur faim devenait trop forte, qui étaient furieux contre eux-mêmes d'être tellement en demande. Des hommes muets, incapables de mettre en mots leur désarroi ou leur vulnérabilité, qui n'avaient pas, contrairement à des femmes comparables, d'aptitude à supporter la souffrance et la solitude. Ces hommes me parlaient. Leur haleine chargée de whisky me maudissant parfois dans le noir, leurs grosses épaules couvertes de taches de rousseur me clouant au sol. Leurs mains rêches me caressant doucement les cheveux pendant qu'ils enfonçaient en moi leur peur, leur ignorance et leurs doutes. Je me faisais le réceptacle de leur peine et, pour être franc, j'étais fou de ça, fou de leur frénésie masculine. J'avais faim de leurs mains de travailleurs, de leurs bouches, de leurs hanches et cuisses musclées. J'avais faim de leurs bites solitaires en érection. J'aspirais à les sentir me déchirer, fendre mon torse, donner la charge dans mon cœur. Ces hommes, ces ouvriers costauds et muets, qui s'ouvraient à moi dans le noir.

Ma mère m'apportait de l'émerveillement, mais pas de réconfort. Et je confondais donc mystère et anonymat, performance de l'acte et relation, admiration et amour.

Pour Richard

New York, 1997

Les larmes
te viennent maintenant
d'un coup comme des chiens affamés.
Le monde est en flammes.
Ils ne cessent de te retirer ton avenir
comme ton permis de conduire.
Ils ne veulent pas que tu reprennes la route.
Les statistiques : du barbelé électrifié
autour de tes bourses.
Et toi, qui ne sépares plus
Le cœur rouge
de celui qui se brise,
toi dont ils ne s'expliquent pas la survie,
tu continues, pas l'ombre d'un doute,
à t'arrondir
tel le Bouddha.

III

FAIM D'UNE MÈRE

Avoir faim d'une mère ne serait pas une pathologie, paraît-il, mais une blessure. Une plaie. Un trou au centre de soi-même. Pas vraiment de reproches. Juste des faits. J'avais besoin de ses seins nourriciers. J'ai eu de la fumée de cigarette à la place. J'avais besoin qu'elle ne le laisse pas me faire ça. Elle est devenue sa complice.

Ma naissance a été une disparition. J'ai rejoint les rangs des personnes disparues. Les mots étaient des miettes de pain dans la forêt – écrire le chemin du retour à la maison, écrire pour ouvrir le portail, pour craquer le code-mère.

J'ai eu un psy qui m'a dit un jour que je passais ma vie à me coller aux bras de mes amant·e·s pour leur permettre de m'embrasser.

Considérez mes mots comme de la colle.

Chère maman,

Entrée de journal, 1994

J'ai peur de mon nombril. Je suis incapable de le toucher. Une fois, j'ai imaginé qu'il se dénouait et que le cordon, d'une longueur sans fin, allait, sortant de moi, s'enrouler autour de mes ennemis. Une autre fois je l'ai vu tomber à l'intérieur de moi, pareil à un comprimé de poison coulant dans mon sang. Je devenais de toutes les couleurs. Je mourais. Il n'y avait pas de paradis, juste ce battement de cœur privé de corps.

Maman, j'ai peur de la mort à l'intérieur de moi. Elle s'étend comme de vastes plaines sans horizon.

Je te prie de bien vouloir retourner dans ton pays à toi.

Ma mère n'était pas ma mère

New York, 2000

Ma mère n'était pas ma mère
J'étais la propriété de mon père. J'étais sa chose.
Comme une chaise.
Comme une feuille morte.
Comme un téléphone cassé.

Ma mère et moi n'avons jamais noué de liens.
Je ne me souviens pas de son corps.
Je ne me languis pas de ses seins.
Je ne la retrouverais pas instinctivement dans une foule.

J'avais quarante ans lors de notre première conversation.
Mon père était mort.
Nous étions détendues.
J'ai dû atteindre mes quarante-deux ans pour commencer
 à voir ma mère
avec mes yeux
et non avec ceux de mon père.

Ma mère est drôle.
Elle a ce sifflement chantant qu'elle fait quand elle est seule
Ce serait devenu une danse
si elle avait été heureuse.

Elle est mince.
Lorsqu'elle a eu un cancer des poumons et qu'on lui en a retiré un
Ses seins ont rétréci, et maintenant
elle peut porter des robes qui sont trop serrées pour moi.
Nous avons le même corps.
C'est un corps qui ne grossit pas.
Sauf un peu, du ventre, plus tard.
C'est un corps qui maigrit avec l'âge et la maladie.
Il est sportif.
Il a besoin de bouger.

Ma mère et moi aimons toutes les deux faire la grasse matinée.
Le matin tôt nous donne des envies de suicide.
Il n'y a pas de voile et ça fait mal de si bonne heure.
Nous sommes des oiseaux de nuit.
Il est minuit passé et elle est toujours réveillée dans sa chambre.
Avant, j'aurais été paralysée par sa solitude.

J'ai toujours pensé que ma mère était lâche.
Je la méprisais.
Elle me regardait recevoir des coups.
Elle me regardait saigner du nez après un gnon au restaurant.

Elle ne me protégeait jamais.
Elle me disait que c'était ma faute.
Elle n'a pas quitté mon père.

Mon père avait dix-sept ans de plus que ma mère.
Il avait de l'argent et lui donnait l'impression d'être bête.
Elle a porté ses bébés.
J'étais l'un d'eux
Mais j'étais sa chose à lui
Comme un crayon bien taillé.
Comme une carte déchirée.
Comme un verre vide.
Je n'avais pas de mère.

Quand j'avais quarante-deux ans, ma mère m'a mis de l'aloe
vera sur un coup de soleil.
Je crois que je m'étais laissé brûler pour qu'elle me touche.
Elle était si tendre
Nous en avons été, je crois, toutes les deux surprises.
Pour la première fois j'ai senti de l'affection de sa part.
J'ai eu envie de pleurer.
Son odeur ne me gênait pas.
J'ai vu qu'elle avait du cœur.

À trente-neuf ans, j'ai dit à ma mère que mon père me violait.
Il pleuvait, il y avait une grosse tempête en mer.
Toutes les routes étaient inondées.
Ma mère voulut quitter la pièce
mais ne le fit pas
nous avons regardé quelque chose se libérer sous nos yeux.

Le lendemain elle m'a appelée à six heures du matin.
Je savais que c'était exceptionnel car elle n'est pas matinale.
Elle pleurait
et elle savait que c'était vrai
je l'avais trahie, elle m'avait trahie
et nous ne nous connaissions même pas.
À cet instant précis, nous avons cessé d'être les propriétés d'autrui.

Le lendemain nous avons visité le sanctuaire pour oiseaux blessés
à Sarasota, en Floride
Le temps était couvert, un grand pélican boitait.
La plupart des oiseaux étaient esquintés.
Ils ne pourraient plus jamais voler
ni quitter leurs cages d'oiseaux blessés.

Quelques mois plus tard ma mère m'a appelée en demandant
ce qu'elle devait faire si mon père venait la trouver
quand elle serait morte et se fâche contre elle
parce qu'elle croyait ma parole plutôt que la sienne,
que faire s'il se sentait trahi ?
Je lui ai dit que mon père était mort.
Mais moi aussi je sentais sa présence.

Ma mère m'achète des choses et nous dépensons l'argent de mon père
Pleines d'une allégresse folle et frénétique.

Il lui arrive encore d'exprimer ses opinions.
Je le reconnais car en général elle a bu quelques cocktails.
Son visage change et elle a l'air aussi en colère que lui.
Je ne l'aime pas dans ces moments-là
ni n'aime ce qu'elle dit.

Je crois que ma mère est fière de moi.
Je crois qu'elle est heureuse seule.
Le bord de mer où elle vit est calme, tranquille et sans violence.
Il y a d'autres veuves autour de la piscine
et elle est dingue des pélicans.

Si fragile

Rêve, 15 mai 1998

J'étais tellement fatiguée par le rêve. C'était comme si une petite balle dure s'était logée dans mon cerveau. Je sentais que je perdais ma mère, de la même façon qu'on perd ses cheveux, son temps ou des parties de son corps. J'essayais de sortir, de me forcer un chemin par cette étroite ouverture, le sang, les lèvres vulvaires, le jus de ma mère. Luttant pour dire c'est ici que je commence. Là que tu finis.

Dans le rêve, je disais à mon ex-meilleure amie qu'elle ne pouvait pas revenir dans ma vie même si elle était jolie, menue, séduisante au-delà du supportable, méchante sans être méchante, moi sans jamais être moi, une vraie battante. Dans le rêve je hurlais que nous avions pris une décision, tracé une limite, une ligne, et qu'elle ne pouvait pas la traverser parce que chaque fois qu'elle le faisait je disparaissais. Elle ne pouvait pas la traverser. Je remarquais que je hurlais dans le rêve et qu'elle se cassait, putain, se cassait pour de bon. Je n'arrivais pas à le croire. Si fragile. Si frêle, si dépourvue de substance, encore informe, tellement loin de la version d'elle que je m'étais fabriquée.

Le monde entier pleut

Rêve, 2012

Je commençais à composer le numéro de ma mère, sauf que ça fait quinze ans que je n'ai plus de téléphone à cadran et que ma mère est morte.

La dernière fois que j'avais appelé comme ça, j'étais saoule. J'avais dans les vingt-deux ans et je traînais dans un bar sordide de Manhattan, braillant que le monde entier pleuvait.

J'ai entendu mon père, en arrière-plan, hurler à ma mère de raccrocher. Ce qu'elle a fait. Elle n'a jamais rappelé. Pour voir.

Bébé battu

Ce monologue m'a été commandé par Molly Smith de l'Arena Stage pour un spectacle donné en octobre 2022, intitulé My Body, No Choice[1].

À sa mort ma mère m'a laissé une grosse enveloppe brun foncé, solidement bardée d'élastiques. Les élastiques donnaient l'impression de retenir quelque chose : une énergie sinistre, peut-être, ou l'un de ces secrets explosifs qui changent la trajectoire de votre vie. Je n'avais nul désir de découvrir quoi. Je suis restée des années sans toucher à ce paquet. Il prenait la poussière dans un panier, hors de ma vue. Si d'aventure je tombais dessus, aussitôt je me sentais mal, saisie par le sentiment d'une catastrophe imminente.

Pour être honnête, j'avais été surprise de le recevoir. Il ne m'était jamais venu à l'esprit que ma mère pensait à moi, et encore moins qu'elle avait rassemblé des vestiges chéris de

1. Mon corps, pas le choix.

notre histoire partagée. Cette enveloppe était l'unique chose qu'elle m'ait laissée de façon spécifique.

Et un jour, c'est arrivé, juste comme ça. Je ne l'avais pas prévu. Je me suis rendu compte seulement plus tard que c'était le jour anniversaire de la mort de ma mère. Je ne suis pas du genre à faire attention à ces dates-là.

J'ai sorti le paquet du panier, enlevé les élastiques et ouvert l'enveloppe. Elle sentait bizarre. Comme une odeur de douleur. La douleur a-t-elle une odeur ? Tout me semblait vieux et fragile, susceptible de se désintégrer entre mes mains. C'était un curieux assortiment : mon bulletin scolaire de CM2 (pourquoi le CM2 ?), des cartes de fête des mères sentimentales que j'avais données à ma mère – avec des chats, des arcs-en-ciel, des papillons et des poèmes mélodramatiques pleins de contrition et de fausses émotions –, mon acte de naissance, un numéro de Sécurité sociale décoloré, un programme de la cérémonie de remise des diplômes de mon université et mon discours pour l'occasion, tapé sur du papier pelure et à peine lisible, ainsi que mes notes finales. Il y avait quelques lettres ivres et désespérées que j'avais envoyées après l'obtention de mon diplôme, à une époque où j'étais clairement paumée.

Il y avait aussi une étrange série de photos : moi recevant mon diplôme en toge et sandales de hippie ; ma mère et moi assises sur mon lit sous un tissu indien orange, l'air remarquablement mal à l'aise. Quelques photographies d'enfance, dont une pour laquelle je me souviens vaguement d'avoir posé. Mon père avait fait appel à un photographe chic de New York. La « séance » avait été abominable et duré une éternité. On m'avait fait faire une permanente. Je suis épouvantablement mignonne. Il y a des clichés de profil sur lesquels même mon petit bout de nez ne pouvait cacher que j'étais juive ; des yeux sur le qui-vive bordés de chagrin, une petite fraise en tissu épinglée à ma robe chasuble blanche. Un mot, écrit sur le papier à lettres de mon père, était attaché aux photos et il y exprimait sa grande déception : « Ces photos ne ressemblent même pas de loin aux enfants que je connais. » Ça m'a fait de la peine pour le photographe. Je savais ce qu'on ressentait quand on décevait mon père.

Quand je suis tombée sur une photo, tout en bas de la pile, mon cœur s'est arrêté de battre. J'ai dû la regarder à plusieurs reprises. Oui, c'était bel et bien moi bébé, mais j'étais un bébé battu. Les deux yeux au beurre noir, des bleus au-dessus des sourcils, une entaille ensanglantée en travers du nez. J'avais l'air d'un voyou. Un bébé voyou battu.

Jusqu'à ce moment-là, j'avais échafaudé toutes sortes de théories pour expliquer mon aversion envers les bébés. Tout ce qui touchait aux nourrissons me semblait triste et terrifiant, et tout ce qui touchait à l'éventualité d'en avoir un moi-même me semblait dangereux et étouffant. Je le blesserais ou lui casserais quelque chose par accident, c'était certain, j'oublierais de le nourrir, je le laisserais dehors. Je faisais sans cesse des cauchemars où j'arrivais quelque part après un long voyage, pour m'apercevoir que j'avais laissé mon bébé dans le train ou dans les bois, ou que je l'avais fait tomber en route sans m'en rendre compte.

Je ne manquerais pas de rendre ce bébé triste parce que tout ce que je savais des bébés, c'était qu'ils étaient tristes. Or je ne voulais pas d'un bébé triste.

Les bébés abîmaient votre silhouette parfaite, réduisaient

le corps et le cerveau en bouillie. C'étaient des sources de désagrément, un truc qui interrompait l'apéritif, des créatures bruyantes, des créatures exigeantes et salissantes, au nez plein de morve, qui faisaient pipi et caca. Ma mère détestait la saleté et le caca en particulier. Elle m'avait appris à être propre en me laissant avec la même couche souillée pendant plus d'une semaine. Un bébé voyou battu, triste et sale.

À l'âge de cinq ans, pile la période où mon père a commencé à exercer des sévices sexuels sur moi, je savais déjà que je n'aurais jamais de bébé. Alors que d'autres petites filles habillaient et dorlotaient leurs poupons en gazouillant, moi, je décapitais les miennes, je leur coupais les cheveux ou les noyais dans les vagues de l'océan.

Et bien sûr, il y avait cette question : Pourquoi ma mère avait-elle placé cette photo dans l'enveloppe ? Qu'essayait-elle de me dire ? Me faisait-elle savoir que ce que je croyais vrai l'était effectivement ? Pourquoi ne me l'avait-elle pas montrée de son vivant ? Pourquoi avoir gardé ce cliché-là ? Était-ce elle qui l'avait pris ? Ces coups et blessures étaient-ils fréquents ? Qui me les infligeait ? Mon frère, en m'assénant un camion sur le front, mon père qui plus tard allait me battre régulièrement, ma mère, en me faisant tomber ou en me laissant vagabonder sur un rebord de fenêtre ?

Pourquoi tout ça m'était-il soudain si familier, comme s'il y avait toujours eu quelqu'un pour s'en prendre à moi, mon corps, mon visage ? J'ai passé une enfance entière à esquiver, les poings levés comme une boxeuse, rapide mais jamais suffisamment, à détaler, paniquée, dans un état d'angoisse et d'agitation insupportables. Mon corps n'était jamais mon corps. Presser un gant mouillé d'eau froide sur la brûlure d'une gifle. Couvrir des marques d'étranglement sur mon cou avec des tee-shirts et des pulls à col roulé. Plaquer ma main contre ma joue quand ma mère m'assénait une chiquenaude brutale. Et forte – ça faisait vraiment mal et me laissait une marque rouge qui m'élançait. Mais plus encore, c'était humiliant car ça me donnait l'impression qu'elle envoyait promener une merde. Et la merde, c'était moi.

Quand ce corps, ce visage, ont-ils donc cessé de m'appartenir pour devenir un terrain de violence et de honte ?

Et puis bien sûr, je me suis mise à boire, à fumer, à me droguer, à mettre dans ce corps n'importe quoi qui soit susceptible d'enlever la douleur, d'engourdir la douleur, la menace de la douleur, d'oblitérer le souvenir de la douleur. J'ai commencé à quatorze ans.

Et puis bien sûr, boire et me droguer me sortait de mon corps, m'emmenait loin très loin de la source de la douleur, mais loin aussi de moi-même, loin du consentement, du stop et du non, du qui es-tu et j'ai pas vraiment envie et s'il te plaît arrête – loin du choix. Ce corps qui ne m'appartenait plus, qui était devenu depuis longtemps une chose brisée, une chose triste et blessée, un objet à battre, gifler, ravager, prendre, baiser. Ce corps, propriété publique, sa propriété à lui devenant leur propriété à eux, et soudain au milieu de ce brouillard, le docteur annonçant que j'étais enceinte. Ça se passait comme ça pour tant d'entre nous. Enceinte. Emplie de l'horreur de bébé triste. Ma vie soudain terminée avant d'avoir commencé. Attrapée, étranglée, oh non, oh mon Dieu non non non comme pouvais-je être enceinte ? Il ne m'était jamais venu à l'esprit qu'il restait de la vie à l'intérieur de moi.

J'ai été soudain envahie par une angoisse insoutenable qui s'est mise à grossir et menaçait de m'exploser le cerveau, par une fatalité si vaste, si énorme que je me suis sentie consumée et que j'ai dû m'allonger par terre. Une angoisse à m'en arrêter le cœur de battre, à m'empêcher de respirer. S'il te plaît mon Dieu, même si je ne crois pas en toi, s'il te plaît mon Dieu ne me fais pas avoir ce bébé. Chasse cette fatalité.

Et j'ai été sauvée. Cet avortement, ce jour de salut. Un 4 juillet. Ils ont retiré de mon corps cette fatalité vorace, qui ne cessait de grossir.

Je tremblais. Le médecin était bienveillant. Une infirmière me tenait la main. Je me souviens d'un bruit d'aspiration. Je me souviens d'avoir dégringolé dans le temps.

Plus tard, j'ai acheté une bouteille de gin, du tonic, un citron vert et des glaçons. Je me revois allongée dans mon lit au foyer de transition où j'occupais une chambre minuscule. J'avais toujours méprisé le 4 juillet mais là, pour la première fois, les feux d'artifice proches sonnaient mon autonomie corporelle et ma libération, et non une guerre mondiale. Je levais mon verre à chaque pétarade et à mon corps nu dans le miroir. Je levais mon verre à chaque crampe et me réjouissais de saigner. Je m'inclinais devant les forces, quelles qu'elles fussent, qui m'avaient épargnée.

Cet avortement, c'était la première fois où je prenais une vraie décision concernant mon corps. J'avais vingt-trois ans. Mon corps qui avait été battu, violé, dénigré et pris dans le noir par des garçons agressifs et maladroits. Mon corps qui avait été effacé, que j'avais toujours ressenti comme tellement mort, était soudain vide et vivant.

Chères femmes blanches

2018

Texte écrit pour Time Magazine *pendant les auditions de confirmation de Brett Kavanaugh à la Cour suprême.*

Chères femmes blanches qui soutenez la nomination de Brett Kavanaugh à la Cour suprême,

Hier soir, en regardant Donald Trump se moquer de Mme Christine Blasey Ford [1] dans un discours qu'il prononçait devant des milliers de personnes, je n'ai pas pu m'empêcher de porter mon attention sur les femmes, derrière lui, qui applaudissaient et riaient. J'ai eu l'impression de retomber dans un cauchemar familier. C'est ce qui m'a poussée à m'adresser à vous.

Quand j'étais petite, mon père abusait de moi sexuellement et me battait. Ma mère ne me protégeait pas. Elle prenait le parti de mon père, exactement comme ces femmes prenaient le parti de Donald Trump, et je comprends

1. Christine Blasey Ford est une universitaire américaine qui a accusé en 2018 Brett Kavanaugh de l'avoir agressée sexuellement en 1982.

pourquoi. Elle prenait son parti parce qu'il était le soutien de famille. Elle prenait son parti par besoin de survie. Elle prenait son parti parce que ce qui se passait sous ses yeux était tellement terrible qu'il était plus facile de ne pas voir.

Elle prenait son parti parce qu'on l'avait éduquée à ne jamais remettre un homme en cause. On lui avait appris à servir les hommes et rendre les hommes heureux. Elle était formée à ne pas croire les femmes. Ce n'est que bien plus tard, après la mort de mon père, qu'elle a été capable de reconnaître la vérité sur mon enfance et de me demander pardon. Ce n'est qu'alors, trop tard, qu'elle a été capable de voir qu'elle avait sacrifié sa fille en échange de la sécurité et du confort. Ce sont ses mots. J'avais été son « sacrifice ».

Certains, en regardant cette vidéo de femmes qui se moquent de Mme Ford, y verront un manque de sensibilité. J'y vois une mise à distance. J'y vois du déni. Cela fait vingt ans que je travaille pour mettre fin à la violence contre les femmes. J'ai parcouru ce pays à de nombreuses reprises. J'ai rencontré des femmes de tous les âges et de toutes les convictions politiques. Je me souviens des premières représentations de ma pièce, *Les Monologues du vagin*, à Oklahoma City, quand la moitié des femmes présentes dans la salle venaient me raconter qu'elles avaient été violées ou battues. Pour la plupart, elles me le disaient en chuchotant, et j'étais souvent la première et seule personne à qui elles l'avaient confié. Jusqu'à ce moment-là, elles avaient trouvé moyen de le banaliser. Le juger inévitable. L'accepter. Le nier.

Je ne crois pas que vous vouliez devoir privilégier vos fils et vos maris au détriment de vos filles. Je ne crois pas que vous vouliez que la douleur qui nous a été infligée le soit aussi aux générations à venir.

Je sais à quel risque s'exposeraient nombre d'entre vous en disant publiquement que vous croyez à la parole d'une femme plutôt qu'à celle d'un homme. Vous pourriez être alors amenées à reconnaître et à croire ce que vous avez vous-même vécu. Si une femme sur trois au monde a été ou sera violée ou battue au cours de sa vie, cela signifie forcément que certaines d'entre vous ont vécu cela. Croire une autre femme signifie devoir entrer en contact avec la douleur, la peur, la peine et la colère de votre propre vécu, et cela peut être insupportable. Je le sais parce qu'il m'a fallu des années pour sortir de mon propre déni et rompre avec mon agresseur, mon père. Pour dire la vérité qui risquait de bouleverser le confort de ma vie construite avec tant de précaution. Mais je peux vous assurer que vivre dans le mensonge, c'est vivre à moitié. C'est seulement après avoir raconté mon histoire que j'ai connu le bonheur et la liberté.

Je sais le risque que courent d'autres parmi vous, qui avez vu ceux que vous aimez souffrir des répercussions traumatisantes de la violence, ou qui craignez que vos enfants soient un jour confrontés à cette violence.

Je vous écris parce que nous avons besoin de vous, de la même façon que j'avais besoin de ma mère. Nous avons besoin que vous vous teniez aux côtés des femmes qui brisent le silence malgré leur terreur et leur honte. Je suis persuadée que parmi les femmes qui riaient à ce meeting certaines abritaient à l'intérieur de leur corps des impulsions et des sentiments autres qu'elles n'exprimaient pas.

Voilà pourquoi je suis persuadée que vous devriez prendre position à mes côtés. La violence contre les femmes nous détruit l'âme. Elle démolit notre sentiment d'identité. Elle anesthésie notre conscience. Elle nous dissocie de notre corps. C'est l'outil qui sert à nous maintenir au rang de citoyens de deuxième classe. Et si nous n'y faisons rien, elle peut nous mener à la dépression, l'alcoolisme, la dépendance aux drogues, la suralimentation et au suicide. Elle nous fait croire que nous ne méritons pas d'être heureuses.

Il a fallu quarante ans à ma mère pour voir ce que son déni avait entraîné et me demander pardon. Je ne pense pas que vous souhaitiez demander pardon à vos filles dans quarante ans. Stoppez l'ascension d'un homme en colère, agressif, vindicatif et très susceptible d'être un agresseur sexuel. Le temps presse. Appelez vos sénateurs. Cessez de rire et commencez à vous battre.

Avec tout mon amour,

Eve

IV

FÉMINICIDE

Meurtre délibéré d'une femme, d'une fille ou de toute autre personne identifiée comme étant de genre féminin.

Le lit de Rachel

Croatie, 1994

Un jour de 1993, alors que je descendais une rue de Manhattan, j'ai été frappée par une photo en couverture de Newsday *: cinq jeunes filles bosniaques qui venaient tout juste de rentrer d'un camp de viol. Cela paraissait complètement surréaliste, impossible. Il fallait que je rencontre ces femmes. Voici un extrait de mon journal.*

« Ils ont emmené ma mère, qui avait 60 ans, et mon père, qui en avait 68, dehors dans le jardin. Ces Tchetniks, ces garçons soldats qui avaient grandi avec nous, qui avaient été à l'école primaire avec nous. Ils ont obligé mon père à se mettre au milieu de notre pelouse et ils ont braqué leurs armes sur sa tête. Ensuite ils se sont mis à lui lancer des pierres en visant sa tête, son cou, son entrejambe, et lui était planté là, impuissant et désorienté, devant moi, ma mère et nos proches. Il avait beau être en sang, meurtri et vulnérable, ils continuaient. »

Je suis assise sur une chaise métallique parmi un cercle de femmes qui fument toutes en buvant du café, noir, épais et fort. Nous sommes dans un cabinet médical de fortune, au sein d'un camp de réfugié·e·s à l'extérieur de Zagreb, en Croatie, et nous écoutons une « doctresse » (comme l'appelle mon interprète) de trente ans décrire ce qu'elle a vécu récemment en Bosnie. Été 1994, je suis venue là, comme plus tard j'irai au Pakistan, pour recueillir des témoignages de réfugiées durant deux mois. Indignée par des rapports sur les atrocités commises envers des femmes, je suis venue en ma qualité de scénariste et dramaturge pour écrire un scénario de film.

« Ensuite ils ont pris ma mère et lui ont versé de l'essence autour des pieds. Pendant trois heures, ils ont craqué des allumettes en les approchant le plus possible de l'essence sans l'enflammer. Ma mère était devenue blême – il faisait très froid dehors. Pendant trois heures ils l'ont torturée. Alors elle s'est mise à hurler. Elle a déchiré sa chemise et hurlé : « Allez-y, les Tchetniks. Tuez-moi. Je n'ai pas peur de vous, pas peur de mourir. Tuez-moi. »

Les autres femmes bosniaques qui l'écoutent semblent avoir cessé de respirer. Je m'entends poser des questions, traduites par mon interprète, d'une étrange voix de reporter qui suggère que j'ai déjà vu tout ça, que ce n'est qu'un récit de guerre de plus. Je demande : « Comment expliquez-vous que vos voisins se soient retournés contre vous comme ils l'ont fait ? » et « Avant la guerre le fait d'être musulmane avait-il jamais été une source d'inquiétude pour vous ? » Je pose ces questions retranchée derrière mon personnage professionnel, comme si c'était un bouclier secret, un lieu à l'abri.

« Quand je me suis enfin enfuie et que je suis arrivée ici, poursuit la docteure, j'ai appris que notre village était à nouveau en sécurité. Les forces des Nations unies avaient fait un raid dans le camp de concentration et mon père avait été libéré. J'ai entrevu une lueur d'espoir. Et puis les Tchetniks ont envahi mon village. Ils ont massacré toute ma famille à coups de machette. Mon père et ma mère ont été retrouvés, bras et jambes éparpillés sur notre pelouse. »

Écoutant leurs paroles je sens quelque chose s'effondrer. La logique. La sécurité. L'ordre. Le sol. Je ne veux pas pleurer. Ce n'est pas professionnel de pleurer. Les dramaturges voient les gens comme des personnages. Cette femme est un personnage de médecin. C'est un personnage de femme traumatisée, forte et résiliente. J'appuie sur les parties de mon corps d'où s'échappent les tremblements.

Mes dix premiers jours à Zagreb, j'ai dormi sur un canapé au Centre pour femmes victimes de la guerre. Le centre avait été créé en 1991 pour venir en aide aux réfugiées serbes, musulmanes et croates qui avaient été violées pendant le conflit. Il accueillait à présent cinq cents femmes qui avaient été non seulement violées, mais aussi privées de logement par la guerre. La plupart des femmes qui y travaillent sont elles-mêmes des réfugiées. Elles animent des groupes de soutien et offrent de l'aide d'urgence – nourriture, affaires de toilette, médicaments, jouets. Elles aident les femmes à trouver du travail, un accès à des soins médicaux et des écoles pour leurs enfants.

Durant ces premières journées, j'ai passé cinq à huit heures par jour à interviewer des femmes dans des centres municipaux, de mornes camps de réfugié·e·s et des cafés. J'ai rencontré un pays de femmes vêtues de noir – soie noire, coton noir, Lycra noir. À toutes ces interviews, soit j'étais submergée par le désir de sauver ces femmes – ce qui me réduisait à l'impuissance et parfois à la rancœur, soit j'essayais de garder ma place d'autrice dramatique. J'écoutais leurs histoires comme des pièces de théâtre potentielles, jaugeais leurs paroles en termes de rythme et de tempo. Cette approche me donnait l'impression d'être froide, insensible et hautaine.

Des journalistes par milliers avaient déjà fait intrusion dans la vie de ces femmes. Elles se sentaient envahies, volées et dépouillées. C'était un honneur d'avoir été introduite dans ces camps par les réfugiées qui y travaillaient, et qui organisaient même, parfois, les groupes en fonction de ma présence. Je me suis rendu compte que je ne remplissais pas ma part du contrat. J'entrais en relation avec elles selon des modes hiérarchiques, unilatéraux, fondés sur une perception de moi comme guérisseuse, comme porteuse de solutions – posture qui à son tour était fondée sur un besoin de contrôle aussi secret que désespéré : contrôler le chaos et me protéger d'un trop-plein de deuil, de cruauté et de folie. Mon besoin d'analyser, d'interpréter et même de faire de l'art à partir de ces atrocités de la guerre venait de mon incapacité à être avec les gens, à être avec leur souffrance, à écouter, à sentir, à me perdre dans le foutoir.

À mon dixième jour à Zagreb, une femme qui s'appelait Rachel et qui travaillait au centre m'a prêté son appartement pour le week-end. J'étais terrifiée. C'était la première fois que je me trouvais seule depuis mon arrivée en Croatie, la première fois que je pouvais réfléchir à cette expérience et comprendre où j'étais vraiment. Il faisait nuit quand je suis arrivée chez elle et les lumières de l'entrée n'arrêtaient pas de s'éteindre, ce qui me plongeait dans une panique qui n'avait d'égale que l'obscurité. Jamais, pendant toutes mes années d'activiste – que ce soit quand je travaillais dans des foyers pour femmes sans logement, que je m'attachais à une clôture pour protester contre la guerre nucléaire, dormais dans des camps pour la paix en plein air avec les rats et la pluie, ou campais dans la poussière radioactive sur le site d'essais nucléaires battu par les vents du Nevada –, je ne m'étais sentie aussi seule. J'ai appelé les États-Unis. Fait les cent pas dans l'appartement. Essayé de lire sans parvenir à me concentrer. Pour finir, je me suis allongée sur le lit de Rachel, avec son magnifique édredon rouge.

Mon cœur, se brisant de l'intérieur comme un organisme qui avorte de lui-même sous les récits de cruauté : les cigarettes allumées qu'ils ont failli enfoncer dans les yeux de la femme du soldat ; les têtes décapitées de ses vieux parents ; la fille de quinze ans violée en voiture par son mari soldat et les amis de ce dernier, le pistolet mis dans la main de son bébé de trois mois pour plaisanter ; la nourriture qu'ils avaient refusé de servir à la jeune mère musulmane parce qu'elle avait décidé de donner le jour au bébé du Serbe qui l'avait violée ; l'oncle canadien qui avait tenté d'abuser de sa nièce de quatorze ans ayant fui Sarajevo pour trouver refuge chez lui ; les vêtements sales et tachés qui arrivent dans les cartons de l'aide humanitaire et pour lesquels les réfugiées sont censées être reconnaissantes.

Ce n'était pas la cruauté, l'horreur primitive, qui me brisaient le cœur. Ce qui faisait mal, c'était que je me défendais contre mon amour pour les réfugiées. La femme qui préparait des viennoiseries dans ce qui était maintenant tout à la fois sa cuisine, sa chambre, son salon et sa salle de bains – et qui en a fait pour moi, une inconnue. Celle qui souriait de toutes ses dents manquantes pour donner de la force à sa voisine dans le cercle, qui fumait des cigarettes, lissait sa jupe, s'excusait de ses cheveux en bataille. Les larmes jaillirent de mes yeux comme du verre coupant la chair, me brisant, me réduisant à personne, à plus rien de concret, fracassèrent mon profond désir de définition, d'autorité, de gloire, brisèrent tout ça en morceaux minuscules qui ne tenaient pas, qui se liquéfiaient, puis en rien que je pusse identifier, rien qui ressemblât ni à moi ni à la matière dont je suis faite. Il n'y avait que de la charpie. Une masse de charpie palpitante, sanglante. Il n'y avait que cette liquéfaction.

Après ma nuit dans le lit de Rachel, mon voyage s'est transformé. Dès lors, j'ai vu mes interviews comme des contrats sociaux sacrés. Je ne pouvais pas me contenter de tirer des histoires, des événements et des sentiments de mes sujets. Il fallait qu'il y ait échange. Je devais être présente avec elles. Je devais être vulnérable. Je ne pouvais plus me protéger, me tenir à l'extérieur des histoires que j'entendais. La guerre n'était pas naturelle. Jamais je ne serais à l'aise avec l'atrocité et la cruauté. Je me surpris à pleurer souvent pendant les entretiens. Je me sentais petite, impuissante. Les vieilles défenses, approches et identités tombèrent.

Que je me liquéfie. Que je me dissolve. Me libère de ma dure identité. Que je sois avalée par le cercle. Que je sois sans importance. Que je sois sans domicile, que j'aie le mal de chez moi. Que je sois déçue, pour pouvoir me briser davantage. Que je sois anonyme, pour pouvoir être invisible. Sans m'inquiéter de mon tour, de mon message, de ma façon de servir autrui, de ma création, de mon moment. S'il vous plaît, faites que je sois prête à m'asseoir dans le cercle.

Les femmes laissées pour mortes et l'homme qui les sauve

Bukavu, République démocratique du Congo, août 2007

J'ai écrit cet article pour le magazine Glamour *après mon premier séjour en République démocratique du Congo. J'y avais été invitée par le Dr Denis Mukwege, que j'avais interviewé à la faculté de droit de NYU*[1]*. Il recevrait plus tard le prix Nobel de la paix.*

Je reviens tout juste de l'enfer. Je me demande comment je vais bien pouvoir transmettre ce que j'ai vu et entendu en République démocratique du Congo. Comment relater ces récits d'atrocités sans que vous ne vous vous fermiez, que vous ne tourniez vite la page ou que vous n'en soyez trop fortement troublés ?

Comment vous raconter les fillettes d'à peine neuf ans violées par des bandes de soldats, les femmes aux entrailles déchiquetées par des rafales de fusil, dont le corps perd maintenant des flots incontrôlables d'urine et de matières fécales ?

1. New York University, une des plus grandes universités de New York.

Ce voyage fut pour moi un départ. Il débuta avec un homme, le Dr Denis Mukwege, et par une conversation que nous avons eue à New York en décembre 2006, lorsqu'il était venu parler du travail d'aide aux femmes qu'il menait à l'hôpital de Panzi à Bukavu. Il débuta avec mon français rouillé et son anglais limité. Il débuta avec l'angoisse silencieuse dans ses yeux injectés de sang, des yeux qui me donnèrent l'impression de saigner pour avoir vu trop d'horreurs.

Il se produisit quelque chose durant cette conversation, à savoir son invitation, qui me poussa à faire un demi-tour de globe pour rendre visite au docteur qui recousait les femmes aussi vite que les miliciens fous les déchiraient.

Je vais raconter les histoires des patientes qu'il sauve pour que ces victimes de viol de guerre, génériques et sans visage, deviennent Alphonsine et Nadine : des femmes qui ont des noms, des souvenirs et des rêves. Je vais vous demander de me suivre, d'ouvrir votre cœur, d'être aussi révulsés et révoltés que je l'ai été, assise à l'hôpital de Panzi dans la lointaine ville de Bukavu.

Quand je suis partie en République démocratique du Congo, cela faisait déjà dix ans que je travaillais au V-Day, mouvement international œuvrant à mettre fin aux violences contre les femmes et les filles (cisgenres, transgenres et personnes fluides exposées aux violences de genre). Je m'étais rendue dans les grandes mines de viol du monde, notamment la Bosnie, l'Afghanistan et Haïti, où le viol est utilisé comme instrument de guerre. Mais rien de ce que j'avais pu y voir ne m'avait paru aussi atroce, terrifiant et systématique que les tortures sexuelles et la tentative d'éradication de l'espèce féminine pratiquées ici. Ce n'est pas exagéré de parler de féminicide, de dire que l'avenir des femmes de la RDC est gravement menacé.

Ce féminicide sert le vaste projet de la guerre économique ininterrompue de l'Occident contre la RDC, le pillage de ses ressources et minerais : cuivre, étain, or et coltan, lequel entre dans la fabrication des smartphones et des ordinateurs.

Des femmes sont violées (souvent devant leurs maris), des familles et des communautés sont brisées, les gens fuient leurs villages, et les milices, qui sont les mandataires des multinationales, accèdent alors aux mines. Ce croisement meurtrier entre un colonialisme, un capitalisme et un racisme qui n'en finissent pas a aujourd'hui pour champ de bataille le corps des femmes.

Le Dr Mukwege vient me chercher à 6 h 30. C'est une matinée limpide et luxuriante. Bukavu, où se trouve l'hôpital de Panzi, est d'une fertilité stupéfiante. Il y a des bananiers et des oiseaux psychédéliques. Et puis il y a le lac Kivu, vaste étendue d'eau contenant assez de méthane pour électrifier une bonne partie de l'Afrique subsaharienne – et pourtant la ville de Bukavu, située sur ses rives, n'a qu'un accès sporadique au courant. C'est un sujet récurrent en RDC. Il y a ici plus de ressources naturelles que presque n'importe où sur la planète, et pourtant 80 % de la population gagne moins d'un dollar par jour. Il y tombe plus de pluie qu'on ne pourrait imaginer, et pourtant l'eau potable propre est une denrée rare pour des millions de personnes. La terre est magnifiquement généreuse, et pourtant presque un tiers de la population souffre de la faim.

Pendant que nous roulons sur le semblant de route, le docteur me raconte que les choses étaient bien différentes quand il était petit. « Dans les années soixante, il y avait cinquante mille habitants à Bukavu. L'atmosphère était détendue. Il y avait des gens riches qui avaient des hors-bord sur les lacs. Il y avait des gorilles dans les montagnes. » Aujourd'hui il y a au moins un million de Congolais déplacés, dont beaucoup arrivent à Bukavu tous les jours, fuyant les nombreux groupes armés qui ravagent la campagne depuis que les combats ont éclaté en 1996. Ce qui avait commencé comme une guerre civile pour renverser le dictateur Mobutu Sese Seko n'a pas tardé à se muer en « Première Guerre mondiale d'Afrique », comme l'ont qualifiée les observateurs, avec la venue de troupes de pays voisins se jetant dans la mêlée. Ces soldats ont des objectifs divers : beaucoup se battent pour le contrôle de l'extraordinaire richesse en minerais du pays. D'autres sont là pour s'emparer de tout ce qu'ils peuvent.

Mais il faut remonter plus loin que 1996 pour comprendre ce qui se passe aujourd'hui en RDC. Ce pays est sous la torture depuis plus de cent vingt ans, depuis que Léopold II, roi des Belges, a « acquis » le Congo et exterminé entre 1885 et 1908 dix millions de personnes selon les estimations, soit la moitié de la population d'alors. Les conséquences violentes du génocide et du colonialisme ont encore un impact profond sur le psychisme des Congolais. Malgré l'accord de paix de 2003 et de récentes élections, les groupes armés continuent de semer la terreur dans la moitié Est du pays. Au total, la guerre a fait près de quatre millions de morts – plus que n'importe quel autre conflit depuis la

Seconde Guerre mondiale – et entraîné le viol de centaines de milliers de femmes, filles et jeunes filles.

À Bukavu, les personnes qui ont fui les combats marchent du petit matin jusqu'à tard le soir. Elles marchent et marchent, cherchant le moyen de vendre ou d'acheter une tomate, cherchant une banane pour leur bébé. C'est un fleuve incessant d'humains, en proie à l'angoisse et à la faim. « Avant, les gens faisaient trois repas par jour, explique le Dr Mukwege. Aujourd'hui, ils ont de la chance s'ils en font un. »

Tout le monde connaît le docteur, qui est gynécologue obstétricien. Il salue de la main et s'arrête pour s'enquérir de la santé de l'un, de la mère de l'autre. La plupart des médecins, enseignants et avocats ont fui le Congo après le début des guerres. Il n'est jamais venu à l'idée du Dr Mukwege de quitter son peuple aux heures les plus terribles.

Ce dernier a pris conscience de l'épidémie de viols en 1996. « J'ai vu des femmes qui avaient été violées de façon extrêmement barbare, se rappelle-t-il. Premièrement, les femmes étaient violées devant leurs enfants, leur mari et leurs voisins. Deuxièmement, les viols étaient commis par plusieurs hommes à la fois. Troisièmement, non seulement les femmes étaient violées, mais leurs vagins étaient mutilés avec des bâtons et des fusils. Tout cela montre que le sexe était utilisé comme arme à bon marché.

« Lorsqu'un viol a lieu devant votre famille, poursuit-il, il détruit tout le monde. J'ai vu souffrir des hommes qui avaient assisté au viol de leurs femmes ; leur santé mentale est ébranlée. Les enfants sont dans un état encore pire. La plupart du temps, quand une femme subit une si grande violence, elle ne peut plus avoir d'enfants. Il est clair que ces viols ne sont pas commis pour satisfaire un quelconque désir sexuel, mais pour détruire l'âme. La famille et la communauté tout entière sont brisées. »

Nous arrivons à l'hôpital de Panzi, un complexe d'une douzaine de bâtiments. Il y a huit ans, le Dr Mukwege y a créé un service de maternité spécialisé, avec une salle d'opération. Panzi compte 334 lits au total, dont 250 actuellement occupés par des femmes victimes de violences sexuelles. L'hôpital et le terrain qui l'entoure sont quasiment devenus un village de femmes violées. Le parc déborde d'enfants qui ont faim et besoin de tout. Ici, chaque jour, au moins deux enfants meurent de malnutrition. Et puis il y a les nombreux problèmes causés par le traumatisme grave : des femmes qui font de l'insomnie et des cauchemars, des femmes rejetées par leurs maris, des femmes qui ne manifestent aucun intérêt à nourrir les bébés de leurs violeurs, des femmes et des enfants qui n'ont nulle part où aller.

Il est encore tôt et la cour de l'hôpital a été transformée en église temporaire. Des femmes, vêtues de leur pagne le plus coloré, peut-être le seul qu'elles possèdent (un tissu à motifs de couleurs vives, drapé en jupe ou en robe), sont assises et attendent l'arrivée du docteur, qui mènera la prière par laquelle débute chaque journée. Une équipe d'infirmières et d'assistantes sociales, en blouses blanches amidonnées, est également présente. Les gens chantent, un mélange d'appels pentecôtistes et de rythmes swahilis, des voix du dimanche matin invoquant Jésus.

Ce service matinal est une sorte de rassemblement quotidien de force et d'unité. Lorsque les femmes chantent, tout le reste semble disparaître. Elles sont avec le soleil, le ciel, les tambours, elles sont les unes avec les autres. Vivantes dans leurs corps, momentanément libres et en sécurité.

Pendant qu'elles chantent, le Dr Mukwege me parle des femmes qui composent le chœur. Beaucoup d'entre elles sont arrivées toutes nues ou mourant de faim. Beaucoup avaient des dommages corporels si graves qu'il s'étonne qu'elles arrivent à chanter. Il éprouve une immense fierté à les voir rétablies. « Je n'aurai jamais honte, entonnent les femmes. Dieu m'a donné un cœur neuf pour que je puisse être très forte. »

« Au début, me raconte le Dr Mukwege, j'écoutais les histoires des patientes. Maintenant, je m'abstiens. » Je comprends vite pourquoi. Je rencontre Nadine (comme d'autres pour cet article, elle a accepté de se faire photographier mais demandé que son nom soit changé, car elle pourrait subir des représailles pour avoir parlé), qui me fait un récit tellement monstrueux qu'il va me hanter pendant des années.

Lorsque nous commençons à parler, Nadine semble très loin, totalement dissociée de son environnement. « J'ai vingt-neuf ans, commence-t-elle. Je viens du village de Nindja. Normalement il y avait de l'insécurité dans notre secteur. Beaucoup de nuits, nous nous cachions dans la brousse. Les soldats nous ont trouvés. Ils ont tué notre chef de village et ses enfants. Nous étions cinquante femmes. J'étais avec mes trois enfants et mon frère aîné ; ils lui ont dit de coucher avec moi. Il a refusé, alors ils lui ont coupé la tête et il est mort. »

Le corps de Nadine tremble. Il est difficile de croire que ces paroles sortent de la bouche d'une femme qui respire et qui est encore en vie. Elle me dit qu'un soldat l'a forcée à boire son urine et manger ses excréments, que les soldats ont tué dix de ses amies puis assassiné ses enfants : ses garçons de deux et quatre ans et sa petite fille d'un an. « Ils ont jeté le corps de mon bébé par terre comme si c'était un détritus, dit Nadine. L'un après l'autre ils m'ont violée. C'est ça qui m'a déchiré l'anus et le vagin. »

Nadine s'accroche à ma main comme si elle était en train de se noyer dans un tsunami de souvenirs. Elle a beau être anéantie, c'est évident qu'elle a besoin de raconter cette histoire, besoin que j'écoute ce qu'elle dit. Elle ferme les yeux et dit une chose dont je n'arrive pas à croire que je l'entends. « Un des soldats a ouvert le ventre d'une femme enceinte, dit-elle. Le bébé était arrivé à terme et ils l'ont tué. Ils l'ont fait cuire et nous ont forcées à le manger. »

Aussi incroyable que ça puisse paraître, Nadine est la seule des cinquante femmes qui ait fui. « Quand j'ai échappé aux soldats, j'ai croisé un homme. Il a dit "C'est quoi cette mauvaise odeur ?" C'était moi, à cause de mes blessures je ne pouvais contrôler ni mon urine ni mes selles. J'ai expliqué ce qui était arrivé. L'homme a pleuré, là, devant moi. Avec quelques autres, il m'a amenée à l'hôpital de Panzi. »

Elle se tait. Nous avons toutes les deux cessé de respirer. Nadine me regarde, comme si elle espérait que je trouve du sens à ce qu'elle a relaté. Elle dit : « Quand je suis arrivée ici, je n'avais aucun espoir. Mais cet hôpital m'a tellement aidée. Quand je repensais à ce qui s'était passé, je devenais folle. Je croyais que j'allais perdre la tête. J'ai demandé à Dieu de me tuer. Le Dr Mukwege m'a dit : Peut-être que Dieu ne voulait pas que je perde la vie. »

Nadine me raconte plus tard que le docteur avait raison. Alors qu'elle fuyait le carnage, dit-elle, elle avait vu une fillette en bas âge gisant à côté de ses parents massacrés. Nadine avait sauvé la petite ; à présent, devoir s'occuper d'une enfant lui donne une raison de continuer. « Je ne peux pas retourner à mon village. C'est trop dangereux. Mais si j'avais un endroit où vivre, je pourrais étudier. J'ai perdu mes enfants mais j'élève cette petite comme si c'était la mienne. Cette fillette est mon avenir. »

Je reste une semaine à Panzi. Les femmes font la queue pour me raconter leurs histoires. Elles arrivent pour l'interview hébétées, lointaines, les yeux vides, mortes. Je commence à comprendre que la blessure la plus profonde pour elles, c'est le sentiment d'avoir été oubliées, d'être invisibles, et que leur souffrance n'a aucun sens. Le simple fait de les écouter a un impact immense. Le moindre contact physique ou un peu de bonté leur rendent leur énergie. Le Dr Mukwege me dit que je dois rencontrer Alphonsine (son nom a été changé lui aussi). « Son histoire m'a vraiment touché, dit-il. Son corps, son cas est le pire que j'aie jamais vu, pourtant elle nous a donné du courage à tous. »

Alphonsine est mince, posée, extrêmement calme. Elle me raconte qu'elle marchait dans la forêt quand elle a croisé un soldat. « Il m'a suivie et m'a forcée à m'allonger. Il a dit qu'il allait me tuer. Je me suis débattue fort contre lui ; ça a duré longtemps. Ensuite il a pris son fusil, il l'a appuyé à l'entrée de mon vagin et il a vidé son chargeur en moi. J'ai juste entendu la voix des balles. Le sang collait mes vêtements à mon corps. J'ai perdu connaissance. »

Le Dr Mukwege m'explique : « Je n'avais jamais vu pareille destruction. En gros, son côlon, sa vessie, son vagin et son rectum avaient disparu. Elle avait perdu la raison. J'étais certain qu'elle ne s'en sortirait pas. J'ai reconstruit sa vessie. Il y a des fois où vous ne savez même pas ce que vous faites. On n'a pas de carte. Je l'ai opérée six fois, puis je l'ai envoyée en Éthiopie pour qu'ils traitent le problème d'incontinence, et ils l'ont fait. »

« J'étais couchée quand j'ai fait la connaissance du Dr Mukwege pour la première fois, dit Alphonsine. Il m'a caressé le visage. J'ai vécu six mois à Panzi. Il m'a aidée spirituellement. Il m'a montré que Dieu fait des miracles. Il m'a renforcée moralement. »

Je regarde le corps menu d'Alphonsine et j'imagine les cicatrices sous ses modestes vêtements blancs. J'imagine la chair reconstruite, ses douleurs atroces après avoir reçu les balles. J'écoute attentivement. Je ne détecte pas une once d'amertume ni aucun désir de vengeance. À la place, elle consacre toute son attention à transformer l'avenir. Elle me dit avec une grande fierté : « Je suis en train de faire mes études d'infirmière. Mon premier choix serait de travailler à Panzi. Ce sont les infirmières qui se sont occupées de moi jour après jour, et leur amour qui m'a ramenée à la vie. »

Alphonsine a des ambitions qui dépassent Panzi : « J'ai l'impression d'être quelqu'un d'important dans ma communauté ; je peux faire quelque chose pour mon peuple. Les femmes doivent diriger notre pays. Elles savent comment faire. »

Chaque jour, une dizaine de nouvelles femmes arrivent à Panzi. La plupart viennent se faire opérer d'une fistule, c'est-à-dire une déchirure des tissus internes. Deux types de fistules se rencontrent ici : les unes font partie des séquelles d'un viol brutal, les autres résultent de complications à l'accouchement et pourraient être évitées s'il y avait une offre suffisante de soins obstétricaux. Ces fistules-là sont le résultat de déchirements anormaux pendant la naissance. Beaucoup se produisent quand les femmes fuient les milices alors qu'elles ont déjà commencé le travail ; elles n'ont pas le temps de donner naissance au bébé, qui meurt à l'intérieur. Les femmes qui parviennent jusqu'à Panzi sont celles qui ont de la chance. Elles claudiquent sur des cannes de leur fabrication, faites de branches d'arbre ; elles avancent lentement, en souffrant terriblement. Certaines ont marché pendant plus de soixante kilomètres. Parce qu'il faut si longtemps pour arriver à l'hôpital, les femmes n'ont aucune chance de recevoir le traitement anti-VIH, qui doit se prendre dans les quarante-huit heures suivant le viol. Les experts en santé publique redoutent une explosion des chiffres du sida en RDC d'ici quelques années.

Le Dr Mukwege était autrefois le seul médecin de l'hôpital de Panzi capable d'opérer une fistule ; aujourd'hui, il en a formé quatre autres. L'hôpital pratique mille opérations de ce type chaque année.

À cause de la prévalence des fistules, le complexe de Panzi baigne dans l'urine. Une fistule est un trou dans les tissus qui séparent la paroi vaginale de la vessie d'une femme. Un trou fait en la violant ou en lui enfonçant un instrument dans le vagin. Un trou dans son corps. Un trou dans son âme. Un trou par où s'échappent sa confiance en elle, son estime de soi, son esprit, sa lumière, et son urine.

L'odeur se répand partout. Le pipi coule du corps des femmes dans le bâtiment, une sorte de hangar immense au sol en terre battue, où elles sont des centaines à passer la journée. Le pipi coule dans les salles de classe et forme des flaques par terre. Les femmes sont mouillées en permanence. Leurs cuisses frottent et leur peau brûle. Il y a beaucoup de petites filles en robes tachées de pipi qui errent dans l'enceinte de Panzi ; timides et honteuses, ce sont elles aussi des victimes de viol. La semaine de ma visite, l'hôpital s'était vu infliger une coupure d'eau assortie d'une facture de soixante-dix mille dollars (un montant délirant au regard des critères congolais) parce que l'organisme public fournisseur d'eau avait entendu dire que Panzi, établissement privé, recevait de l'argent de l'Occident. Le personnel devait apporter des seaux d'eau des quartiers voisins. Des centaines de femmes souffrant d'incontinence à la suite des fistules et pas d'eau : un crime ajouté aux crimes.

Je ne peux pas m'empêcher de me demander ce qui a pu se passer dans la vie du Dr Mukwege pour le pousser à travailler ici, jusqu'à quatorze heures par jour parfois. « Je suis né à Bukavu le 1er mars 1955, me dit-il. Quand j'étais petit, ma mère souffrait d'asthme. La nuit, lorsqu'elle avait une crise, c'était moi qui allais chercher une infirmière ou lui apportais des médicaments. Nous pensions tous qu'elle allait mourir. Même maintenant, à chaque nouvel anniversaire qu'elle fête, je suis si heureux de la voir en vie.

« Mon père était pasteur. Il était très doux, très humain. C'est de lui que je tiens le souci d'autrui qu'il faut avoir pour traiter des patients. Quand nous allions rendre visite ensemble à des malades, il priait. Je lui demandais : "Pourquoi tu ne peux pas leur donner des comprimés ou des ordonnances ?" Il répondait : "Je ne suis pas médecin." J'ai décidé à ce moment-là que la prière ne suffisait pas. Les gens doivent prendre les choses en main. Demander à Dieu n'avance à rien. Il nous donne la possibilité de dire oui ou non. Vous devez vous servir de vos mains, de votre esprit. Ici, quand je reçois des femmes qui ont faim, je ne peux pas leur dire : “Dieu vous bénisse.” Je dois leur donner à manger. Quand l’une souffre, je ne peux pas lui parler de Dieu, je dois traiter sa douleur. On ne peut pas se cacher derrière la religion. Ce n’est pas une solution. »

Le Dr Mukwege a commencé comme généraliste, se spécialisant dans les soins aux enfants. Lorsqu’il travaillait dans un hôpital à Lemera, un village au sud de Bukavu, il a vu des choses horribles en maternité. « Jour après jour, des femmes arrivaient en sang, beaucoup avec de graves infections. Une femme avait porté son bébé mort-né dans son vagin pendant une semaine. C’était terrible. Ça m’a aidé à m’engager totalement dans une nouvelle carrière. »

Le docteur a repris alors le chemin de la fac pour étudier la gynécologie en France, à Angers, puis il est rentré à Lemera former le personnel à l’obstétrique et à la gynécologie. Ensuite, en s’installant à Bukavu, il a créé un service de maternité spécialisé à Panzi. Des femmes victimes de violences sexuelles extrêmes ont commencé d’arriver. Leur nombre grandissait de jour en jour.

Qui violait – et qui viole – les femmes ? La question serait plutôt : qui ne les viole pas ?

Parmi les violeurs figurent les Interahamwe – les combattants hutus qui ont fui le Rwanda voisin en 1994 après y avoir commis un génocide ; l’armée congolaise ; un ensemble hétéroclite de civils armés ; et même des Casques bleus. Christine Schuler Deschryver, qui a cofondé avec le Dr Mukwege et moi-même la Cité de la joie (sanctuaire pour survivantes et centre révolutionnaire pour le leadership) et qui en est la directrice depuis neuf ans, défenseuse acharnée de l’hôpital de Panzi et des Congolaises, répond : « Tous, ils violent tous les femmes. C'est un sport national. Tout homme en uniforme est un ennemi pour les femmes. C'est une guerre économique. Si vous regardez une carte, vous verrez qu'à chaque endroit où des viols de masse ont lieu, il y a une mine de coltan. Le coltan sert dans la fabrication des ordinateurs, des PlayStation et des téléphones portables. Des femmes sont violées et assassinées pour que le monde puisse avoir ses téléphones. »

Les femmes sont nombreuses à ne même pas déclarer leur viol de peur d'être rejetées par leurs maris et leurs familles. Bien qu'il y ait des lois contre le viol en RDC, si une femme déclare avoir été violée et que son violeur est arrêté, il pourra acheter sa sortie de prison, revenir et la violer de nouveau. Ou l'assassiner.

Le Dr Mukwege, en revanche, motive une armée d'un autre type, composée de guérisseurs. J'échange avec un employé de l'hôpital, du nom de Bonane. « J'étais en Ouganda, me dit-il. J'ai vu le docteur à la télévision. Il expliquait les atrocités. Je me suis rendu compte que c'étaient mes mères et mes sœurs. Ça m'a vraiment motivé. Je suis venu pour travailler avec lui. »

Le Dr Mukwege est marié et il a cinq enfants, mais son frère Herman me dit que sa famille ne le voit pas beaucoup parce que son dévouement aux femmes lui mange la vie. Bien que l'énergie du docteur ne flanche jamais, je remarque sur son visage et dans son être un épuisement sous-jacent, un désespoir insomniaque qui vient de la cohabitation permanente avec la violence et la cruauté. Il me dit : « Quand on viole une femme, on détruit la vie et on détruit sa propre vie. Les animaux ne font pas ça. Quand un pigeon s'accouple avec un autre, c'est bienveillant. Je me demande d'où l'homme tire un tel pouvoir de destruction. »

Et pourtant le statut des Congolaises était déjà peu enviable bien avant les guerres. Les femmes travaillent toute la journée aux champs ou au marché, portant le pays sur leurs dos (des sacs pesant jusqu'à cent kilos, passés en bandoulière sur le front). Elles préparent le repas, font la lessive, le ménage, s'occupent des enfants, ont des rapports sexuels obligatoires avec leurs maris. Elles n'ont aucun pouvoir, aucun droit, aucune valeur. Les femmes avec qui je parle sont nombreuses à me demander pourquoi je « perds mon temps avec elles ».

J'interviewe un homme qui est gardien d'une réserve de gorilles. Il me raconte que lorsque des milices dangereuses ont commencé à s'arroger des territoires dans le parc, il est allé trouver leurs chefs et leur a demandé si leurs soldats seraient prêts à coopérer avec lui pour protéger les gorilles. Ils ont tous fini par accepter. Je lui ai demandé pourquoi il ne s'était pas senti tenu d'en faire autant pour les femmes. La question l'a étonné. Il n'a pas su quoi répondre.

J'interroge le docteur au sujet du dirigeant de la RDC, Joseph Kabila, devenu en novembre 2006 le premier président du pays élu démocratiquement depuis quarante-six ans[1] et qui a promis d'être « l'artisan de la paix ». Les choses s'améliorent-elles ?

Le docteur Mukwege soupire. « Kabila, me dit-il, n'a rien fait. Ici à l'Est, les combats n'ont pas cessé. En 2004, ma vie a été menacée ; je recevais des coups de fil me disant

1. Félix Tshisekedi lui a succédé à l'élection présidentielle de décembre 2018.

d'arrêter mon travail si je ne voulais pas mourir. Les coups de fil ont cessé, mais c'est encore très dangereux. » (Depuis cette conversation, le Dr Mukwege a fait l'objet d'une tentative d'assassinat et il est sous une menace constante. À tel point qu'il vit entouré de gardes des Nations unies et ne peut pas quitter l'enceinte de l'hôpital, où il habite désormais.)

« Des membres de la communauté internationale nous rendent visite, poursuit-il. Ils mangent des sandwiches et pleurent, mais ils ne reviennent pas pour apporter de l'aide. Même le président Kabila n'a jamais mis les pieds ici. Sa femme est venue. Elle a pleuré mais n'a rien fait. »

Le Dr Mukwege aimerait au moins obtenir une véritable protection pour les femmes quand elles quittent l'hôpital. « Je les retape et je les renvoie chez elles, dit-il, mais rien ne garantit qu'elles ne vont pas être violées de nouveau. Il y a eu plusieurs cas de femmes qui sont revenues une deuxième fois, encore plus démolies que la première. »

Le dernier jour de ma visite, le docteur me demande si je veux bien guider les femmes dans une séance d'exercices qui les aideraient à soulager leurs traumatismes. Nous allons dans le hangar de réunion où attendent 250 femmes malades et traumatisées. Nous commençons à respirer. Inspire, expire. Inspire, expire. Puis nous accompagnons la respiration d'un bruit. D'autres bruits suivent. L'un après l'autre, bruit après bruit. Nous ajoutons alors un mouvement. Des pieds frappent le sol. Des poings tapent dans l'air. Des bras s'agitent frénétiquement. Les femmes sont debout, elles hurlent, émettent des sons gutturaux chargés de douleur, de rage et de terreur.

Dans cette montée d'énergie, le Dr Mukwege invite les femmes à un concours de danse. La force de la fête et la puissance jaillissent de leurs corps. Chacune a en elle une part tenace, que rien ne peut casser. Personne n'a tué leur esprit. Le docteur me glisse à l'oreille : « Quand je vois cette joie, cette vie chez les femmes, je sais pourquoi je dois revenir ici tous les jours. »

La frénésie des femmes ne fait qu'enfler. Elles dansent sous le brûlant soleil d'Afrique. Elles dansent le long de la route. Elles nous entraînent littéralement à gravir une colline escarpée par leur danse, des centaines de femmes et de petites filles qui se meuvent comme une seule masse féminine radieuse.

Si deux cent cinquante femmes qui ont été violées, déchirées, affamées et torturées trouvent la force de nous faire gravir une montagne par leur danse, le reste d'entre nous saura sûrement trouver les ressources et la volonté nécessaires à leur garantir un avenir.

Baptisée

Bukavu, République démocratique du Congo, 2007

Regarde par ta fenêtre
Les morts sont partout
Vois tes produits de luxe, tes portables
comme autant de cadavres
J'ai tenu une gamine de huit ans sur mes genoux
Violée par tant d'hommes
Qu'elle avait en elle un nouveau trou
Lorsqu'elle m'a pissé dessus par accident
Ça m'a baptisée
Il n'est pas là-bas
Le Congo-Kinshasa
Il est dans tout ce que tu touches et que tu fais
Ou ne fais pas.

Le Bureau de l'esclavage sexuel

Paris, 2015

J'ai écrit ce monologue pour l'hebdomadaire italien La Domenica di Repubblica *à l'occasion de la Journée internationale pour l'élimination des violences faites aux femmes du 25 novembre. Il a été republié dans* Le Monde *et* The Nation.

Je pense à la grille tarifaire qui a fuité du Marché aux esclaves sexuelles de Daech, où les femmes et les filles figurent sur la même liste que le bétail. Daech, craignant une baisse de son marché, avait besoin d'imposer un contrôle des prix.

Le prix des femmes âgées de quarante à cinquante ans était fixé à 40 dollars, celui des femmes de trente à quarante ans à 69 dollars, celui des femmes de vingt à trente ans à 86 dollars et celui des fillettes d'un an à neuf ans à 172 dollars. Les femmes de plus de cinquante ans n'étaient même pas répertoriées sur la grille. Elles n'avaient aucune valeur marchande. On les jetait comme des briques de lait une fois la date limite de vente dépassée. Mais on ne se contentait pas de les abandonner sur un tas d'ordures et de fumier puant. Sans doute les torturait-on, les violait-on, les décapitait-on avant de les balancer sur une pile de cadavres en décomposition. Je pense au corps à vendre d'une enfant d'un an et à ce que ça pourrait faire à un soldat de trente ans, balèze, mû par l'énergie de la guerre et en manque de sexe de l'acheter, l'empaqueter et la rapporter chez lui comme une télévision neuve. Que ressentirait-il ou penserait-il en déballant sa chair de bébé puis en la violant avec un pénis de la taille de son corps minuscule ?

Je pense qu'on est en 2015 et que je suis bel et bien en train de lire un manuel en ligne sur les meilleures pratiques en matière d'esclavage sexuel, avec des instructions détaillées et des règles sur la façon de traiter son esclave sexuelle, publié par une branche très organisée d'un gouvernement voyou (le Bureau de l'esclavage sexuel) qui a pour mandat, ouvertement et sans remords, de réglementer le viol, le tabassage, l'achat et l'asservissement des femmes.

Voici des exemples des choses à faire et à ne pas faire indiquées dans le manuel : « Il est permis de battre la femme esclave comme [une forme de] *darb ta'dib* [coups de discipline], mais il est interdit de [recourir au] *darb al-taksir* [mot à mot : coups qui cassent], au [*darb*] *al-tashaffi* [battre dans le but d'obtenir une gratification] ou au [*darb*] *al-ta'zib* [torture]. En outre il est interdit de frapper au visage. »

Je me demande comment les bureaucrates de Daech vont distinguer les gestes d'étranglement et les coups de poing et de pied qui relèvent de la discipline de ceux qui relèvent de la gratification sexuelle. Une équipe du service va-t-elle entrer par effraction chez les maîtres pour contrôler les érections quand les esclaves seront battues ? Pour reprendre le cas du soldat, comment les contrôleurs sauront-ils ce qui l'a fait bander ? Beaucoup d'hommes sont excités par la seule affirmation de leur pouvoir. Et s'il est établi que le soldat a battu, serré à la gorge ou frappé à coups de pied son esclave pour le plaisir, quelle sera sa punition ? Sera-t-il obligé de rendre l'esclave en perdant son versement, à payer une grosse amende ou simplement à prier plus ardemment ?

Je pense qu'il est très facile de réduire Daech à une aberration monstrueuse, alors qu'en fait c'est le fruit d'un long continuum de crimes et de désordres multiples. Ses atrocités sexuelles ne diffèrent que par leur conception et leur application de celles de nombreux autres seigneurs de guerre dans d'autres conflits. Ce qui est nouveau et choquant, c'est l'affichage impudent et sans complexe de ces crimes sur internet, la normalisation marchande de ces atrocités, les applis Daech, le recours au sexe comme outil de recrutement. Le travail de Daech n'a pas surgi dans un vide historique, pas plus que sa prolifération rapide.

Il a été intensifié et légitimé par des siècles d'impunité endémique envers la violence sexuelle. Ce qui m'amène à penser aux « femmes de réconfort », les premières esclaves sexuelles des temps modernes. Ces jeunes filles asiatiques enlevées dans la fleur de l'âge par l'armée impériale japonaise durant la Seconde Guerre mondiale pour être enfermées dans des « maisons de réconfort », où elles devaient procurer des rapports sexuels aux soldats japonais servant leur pays. Les femmes étaient violées jusqu'à soixante-dix fois par jour. Si elles étaient fatiguées à n'en plus pouvoir bouger, les hommes les enchaînaient à leurs lits et continuaient à les violer comme si c'étaient de simples sacs. Les femmes de réconfort ont été abandonnées à leur honte et réduites au silence pendant quarante-cinq ans, puis à nouveau depuis vingt-cinq ans, depuis la première fois où elles ont marché et tenu une manifestation silencieuse sous la pluie pour demander justice. À présent elles ne sont plus que quelques-unes en vie, alors qu'une fois de plus le mois dernier le Premier ministre Shinzo Abe a botté en touche pour éviter de présenter des excuses directes. Cette inertie, ce silence, cette paralysie, ont retardé et même empêché les enquêtes et les poursuites relatives aux crimes sexuels à l'encontre de femmes musulmanes, serbes et croates violées dans des camps de l'ex-Yougoslavie, de femmes et de filles noires violées dans des plantations du Sud, de femmes et de filles juives violées dans les camps de concentration allemands, de femmes et de filles autochtones violées dans des réserves aux États-Unis.

J'entends les pleurs des esprits à jamais tourmentés des femmes et des filles violentées au Bangladesh, au Sri Lanka, à Haïti, au Guatemala, aux Philippines, au Soudan, en Tchétchénie, au Nigeria, en Colombie, au Népal, et la liste s'allonge. Je pense aux huit dernières années que j'ai passées en République démocratique du Congo, où une conflagration similaire d'un capitalisme prédateur, de siècles de colonialisme, d'une guerre sans fin et de violences commises au nom du vol de minerai laisse des milliers de femmes et de filles privées d'organes, de santé mentale, de famille ou d'avenir. Et au fait que des termes comme re-violée sont maintenant devenus re-re-re-re-violée.

J'écris le même texte depuis vingt ans. J'ai tenté des variantes avec des données et de la prise de distance, de la passion et des supplications, du désespoir existentiel, et encore maintenant alors que je rédige, je me demande si nous avons su développer une langue à la mesure de ce siècle, capable de pousser un hurlement perçant.

Les institutions patriarcales se sont toutes avérées incapables d'intervenir de façon significative, et des structures comme les Nations unies ne font qu'amplifier le problème vu que les soldats de la paix, censés protéger les femmes et les filles, sont eux-mêmes des violeurs.

Je pense à *Shock and Awe*[1], ou comment cette doctrine a contribué à déchaîner Viol et Décapitation. Nous savions tous et toutes dans nos corps et dans nos êtres, quand nous manifestions contre la guerre immorale et injustifiée contre l'Irak, nous, ces millions de citoyens de par le monde qui avons été ignorés, quelles blessures pleines de shrapnel, quelles humiliations et quelle obscurité allaient éclater avec ces trois mille redoutables missiles Tomahawk des États-Unis.

Je pense au fondamentalisme religieux et à Dieu le Père, au nombre de femmes qui ont été violées en son nom, au nombre de femmes massacrées et assassinées. Je pense à la notion du viol en tant que prière, viol en tant que prière, viol en tant que prière, et à une théologie du viol, une religion du viol. Au fait que cette pratique est une des plus grandes religions au monde, qui connaît tous les jours des centaines de nouveaux adeptes – selon les Nations unies un milliard de femmes sur terre ont été ou seront battues ou violées à un moment ou l'autre de leur vie.

1. Choc et effroi : stratégie militaire des États-Unis élaborée, notamment, pour l'assaut contre l'Irak en 2003.

Je pense à la vitesse délirante à laquelle se multiplient des méthodes nouvelles et monstrueuses pour faire le commerce du corps des femmes et le profaner, dans un système où ce qu'il y a de plus vivant, que ce soit la terre ou les femmes, doit être chosifié et annihilé pour permettre toujours plus de consommation et de « croissance ».

Je pense aux milliers de jeunes Occidentaux et Occidentales, âgés de quinze à vingt ans, qui ont rejoint les rangs de Daech. Que cherchaient-ils, que fuyaient-ils ? La pauvreté, la mise au ban, l'islamophobie, un désir de sens et un but ? Une appartenance ?

Je pense ou peut-être suis incapable de penser, prise dans l'enfumage continuel de ce siècle. Sachant d'une part que la seule façon d'avancer est de réécrire complètement l'histoire actuelle à travers un examen collectif, approfondi et réfléchi des causes premières des différentes violences dans toutes leurs dimensions économique, psychologique, raciale et patriarcale, ce qui nécessite du temps, et sachant aussi d'autre part qu'en ce moment même, ici et maintenant, trois mille femmes yézidies subissent des coups, des viols et des tortures.

Je pense à ces femmes, à ces milliers de femmes de par le monde qui travaillent sans cesse depuis des années et des années, épuisant toutes les fibres de leur être pour faire connaître la réalité du viol et mettre fin à cette pathologie de la violence et de la haine envers nous ; au fait que quel que soit notre degré de logique, de patience, d'empathie, malgré toutes les études que nous faisons, tous les chiffres que nous communiquons, toutes les survivantes que nous soignons, toutes les histoires que nous recueillons, toutes nos filles que nous enterrons et tous les cancers que nous contractons, la guerre contre nous fait toujours rage, de jour en jour plus méthodique, plus éhontée, plus brutale, plus psychotique. Daech, comme la montée du niveau de la mer, la fonte des glaciers et les températures meurtrières, est peut-être le cinglant indicateur que, pour les femmes, la finale approche. Le jour est arrivé où la rage des femmes cumulée sur des éternités doit se fondre en une force volcanique terrible qui déchaînera la fureur mondiale du vagin – fureur des déesses Kali, Oya, Pélé, Mami Wata, Héra, Durga, Innana et Ixchel, et permettra à notre colère d'ouvrir la voie.

Je pense à la célèbre chanteuse folk yézidie, Xate Shingali, qui, après avoir découvert les têtes de ses sœurs pendues à des poteaux sur la place de son village, a demandé au gouvernement kurde d'armer et d'entraîner les femmes, et à la milice de femmes qu'elle a formée, les Filles du Soleil, qui combat maintenant Daech dans les montagnes du Sinjar. Et en cet instant, moi qui ai travaillé des années pour mettre fin à la violence, je rêve de caisses d'AK-47 tombant du ciel par milliers, atterrissant dans les villages, les centres, les fermes et les terres de ces femmes, de ces guerrières qui lèvent des armées pour la vie.

Ça m'a amenée à l'amour, à penser à l'amour, au fait que l'échec de ce siècle est une incapacité à aimer. Que sommes-nous appelés à faire, de quoi sommes-nous véritablement faits, nous toutes et tous qui vivons sur cette planète ? De quelle sorte d'amour, quelle profondeur d'amour, quel amour ardent et acharné avons-nous besoin ? Pas d'un amour néolibéral, naïf et sentimental, mais d'un amour altruiste et inflexible. Un amour qui triompherait des systèmes construits sur l'exploitation des multitudes au profit de quelques-uns. Un amour qui catalyserait notre écœurement sidéré face aux crimes contre les femmes et l'humanité pour en faire une résistance collective que rien n'arrêterait. Un amour qui révérerait le mystère et dissoudrait la hiérarchie. Un amour qui valoriserait les liens entre nous plutôt que la concurrence. Un amour qui garantirait que nous ouvrions les bras aux réfugiés en fuite au lieu de construire des murs pour les empêcher d'entrer, de les asperger de gaz lacrymogène ou de ramasser leurs cadavres boursouflés sur nos plages. Un amour qui brûlerait d'une flamme si vive qu'il infiltrerait notre torpeur et ferait tomber nos murs, qu'il enflammerait nos imaginations et nous donnerait l'inspiration nécessaire pour sortir enfin de cette histoire de mort.

Le patriarcat de catastrophe

Kingston, New York, 2021

J'ai écrit cet article pour les deux cents ans du Guardian.

Le Covid inflige à la libération des femmes le plus grand recul survenu de mon vivant. En regardant cela se produire, j'en viens à penser que nous assistons au début d'un patriarcat de catastrophe.

Naomi Klein a été la première à définir le « capitalisme de catastrophe[1] ». À savoir que des capitalistes profitent d'une catastrophe pour imposer des mesures qu'ils ne pourraient jamais faire avaler en temps normal, générant ainsi davantage de bénéfice pour eux-mêmes. Le patriarcat de catastrophe est un processus parallèle et complémentaire, dans lequel les hommes tirent parti d'une crise pour réaffirmer leur contrôle et leur domination, ainsi que pour gommer rapidement des droits durement gagnés par les femmes.

1. Ou « capitalisme du désastre », voir : Naomi Klein, *La Stratégie du choc : la montée d'un capitalisme du désastre*, Actes Sud, 2008.

Partout dans le monde le patriarcat profite pleinement du virus pour reconquérir du pouvoir – d'une part en intensifiant le danger et la violence à l'encontre des femmes, de l'autre en intervenant pour leur apporter prétendument contrôle et protection. (Le terme de *patriarcat de catastrophe racisé* a été utilisé pour la première fois par Rachel E. Luft pour définir un modèle intersectionnel permettant de comprendre les catastrophes dix ans après l'ouragan Katrina.)

J'ai passé des mois à interviewer des activistes et des leadeuses d'associations locales partout dans le monde, du Kenya à la France en passant par l'Inde, pour découvrir comment ce processus les affecte et comment elles y résistent. Dans des contextes très différents, cinq facteurs clés reviennent sans cesse. Sous le patriarcat de catastrophe, les femmes perdent leur sécurité, leur pouvoir économique, leur autonomie et leur éducation, et elles sont poussées en première ligne sans protection, en sacrifice.

D'un côté, j'hésite à employer le mot *patriarcat* parce que certaines personnes le trouvent peu clair, et d'autres archaïque. J'ai essayé d'imaginer une expression nouvelle, plus contemporaine, mais j'ai observé la façon dont nous changions sans cesse la langue, modernisant et mettant à jour les termes que nous employons dans un effort pour coller à l'horreur du moment. Je pense par exemple à tous les noms que nous avons donné à l'acte par lequel des femmes sont battues par leur partenaire. Au début, c'était coups et blessures, puis violence domestique ou conjugale, puis violence exercée par un partenaire, et plus récemment terrorisme intime. Nous faisons constamment de minutieux efforts pour éclairer et affiner, au lieu d'exiger que les patriarches s'emploient davantage à approfondir leur compréhension d'un système qui éviscère la planète. Je vais donc m'en tenir à ce mot, en fin de compte.

Dans cette période dévastatrice du Covid nous assistons à une explosion de la violence envers les femmes. Sous confinement, le terrorisme intime transforme le foyer en chambre de torture pour des millions de femmes. Nous assistons à une propagation du *revenge porn*, le confinement ayant poussé le monde sur Internet. Ce type d'abus sexuel numérique est maintenant au cœur de la violence conjugale, les partenaires intimes menaçant de partager des images sexuellement explicites sans le consentement de la victime.

Les conditions du confinement – obligation de rester chez soi, insécurité économique, peur de la maladie, consommation excessive d'alcool – sont les ingrédients d'un parfait cocktail pour les sévices. Il est difficile de déterminer ce qui est le plus troublant : le fait qu'en 2021 des milliers d'hommes se sentent encore l'envie et le droit de contrôler, torturer et battre leurs épouses, petites amies et enfants, ou que le gouvernement n'ait visiblement pas pensé à ce risque en planifiant le confinement.

Au Pérou, des centaines de femmes et de filles ont été portées disparues depuis l'entrée en vigueur du confinement et on craint qu'elles soient mortes. Selon les chiffres officiels rapportés par Al Jazeera, 606 filles et 309 femmes ont disparu entre le 16 mars et le 30 juin 2020. Dans le monde entier, la fermeture des écoles a augmenté la probabilité de diverses formes de violence. Aux États-Unis, le réseau national de lutte contre le viol, les agressions sexuelles et l'inceste

(RAINN) indique que sa ligne d'assistance téléphonique pour survivant·e·s d'agression sexuelle n'a jamais été aussi sollicitée depuis vingt-six ans qu'elle existe, car les enfants sont confinés avec leurs agresseurs, sans aucune possibilité d'alerter leurs professeur·e·s ou ami·e·s. En Italie, le nombre d'appels au numéro vert contre la violence a augmenté de 73 % entre le 1er mars et le 16 avril 2020, selon l'activiste Luisa Rizzitelli. Au Mexique, les opérateurs et opératrices des centrales d'appels d'urgence n'en ont jamais reçus autant dans l'histoire du pays, et le nombre des femmes ayant cherché une place dans un centre d'accueil pour victimes de violence domestique a quadruplé.

Le comble du scandale, c'est que de nombreux gouvernements ont réduit les financements accordés à ces centres d'accueil alors même que le besoin s'en faisait le plus sentir. Cela semble vrai pour toute l'Europe. Au Royaume-Uni, les professionnels ont confié à Human Rights Watch que la crise du Covid-19 avait exacerbé le manque d'accès aux services pour les migrantes ainsi que pour les femmes noires, asiatiques et appartenant à des minorités ethniques. Les associations qui travaillent avec ces communautés disent que l'inégalité persistante entraîne des difficultés supplémentaires pour accéder à distance à des services tels que l'éducation, la santé et l'aide humanitaire.

Aux États-Unis, plus de cinq millions d'emplois féminins ont été perdus entre le début de la pandémie et novembre 2020. Parce qu'une grande part du travail des femmes nécessite un contact physique avec le public – restaurants, magasins, crèches, centres de santé –, leurs postes ont fait partie des premiers à tomber. Celles qui ont pu garder leur emploi étaient souvent des travailleuses de la première ligne, que leur métier a mises en grand danger ; quelque 77 % du personnel hospitalier et 74 % du personnel scolaire sont des femmes. Et pourtant, le manque de possibilités de garde d'enfants en a empêché beaucoup de retourner travailler. Avoir des enfants n'a pas cette conséquence pour les pères hétérosexuels. Le taux de chômage des femmes noires et latinas était déjà plus élevé avant le virus que celui des femmes blanches ; aujourd'hui c'est encore pire.

La situation est plus grave pour les femmes vivant dans d'autres parties du monde. Shabnam Hashmi, une des plus grandes activistes du droit des femmes en Inde, me dit qu'en avril 2020 le nombre de femmes ayant perdu leur emploi avait atteint le chiffre stupéfiant de 39,5 %. « Travailler depuis la maison est très pénalisant pour les femmes vu que leur espace personnel a disparu et que leur charge de travail a triplé », explique Hashmi. En Italie, les inégalités existantes ont été amplifiées par la crise sanitaire. Rizitelli observe que les femmes étaient déjà confrontées à un taux d'emploi plus bas, des salaires moindres et des contrats plus précaires, et qu'elles ont rarement des positions hiérarchiques « sûres » ; elles ont été les premières à souffrir de la crise. « Les inégalités économiques, sociales, raciales et de genre ont été accentuées, et tout cela risque d'avoir des conséquences à plus long terme que le virus lui-même », dit Rizitelli.

Lorsque les femmes sont soumises à une pression financière plus grande, leurs droits s'érodent rapidement. Avec la crise économique engendrée par le Covid, la traite sexuelle et la traite de main-d'œuvre sont reparties à la hausse. Des jeunes femmes qui peinent à payer leur loyer deviennent la proie de leurs propriétaires, selon un processus dit de « sextorsion », d'extorsion sexuelle.

Je ne crois pas qu'on puisse exagérer le degré d'épuisement, d'angoisse et de peur dont souffrent les femmes qui s'occupent de leur famille, sans pause ni temps pour elles-mêmes. C'est une forme subtile de folie. Alors que les femmes s'occupent des malades, des personnes dans le besoin et des mourants, qui s'occupe d'elles ? Colani Hlatjwako, leadeuse activiste du royaume d'Eswatini, résume la situation ainsi : « Les normes sociales qui font peser sur les femmes et les filles une lourde charge d'aide et de soins demeurent très susceptibles de porter atteinte à leur santé physique et mentale. » Qui plus est, de telles structures barrent l'accès à l'éducation, nuisent aux moyens de subsistance et suppriment des sources de soutien.

L'Unesco estime que plus de onze millions de filles risquent de ne pas retourner à l'école quand la pandémie de Covid se sera calmée. Les estimations du Fonds Malala sont encore plus élevées : vingt millions. Phumzile Mlambo-Ngcuka, d'ONU Femmes, explique que son organisme lutte pour l'éducation des filles depuis la Conférence mondiale sur les femmes de Pékin, en 1995. « La majorité des enfants qui ne retournent pas à l'école sont des filles, dit-elle. On faisait des progrès – ce n'était pas parfait, mais on les gardait plus longtemps à l'école. Et maintenant, toutes ces filles qui ont décroché en un an, c'est vraiment catastrophique. »

De tous les reculs, celui-ci sera le plus important. Quand les filles sont instruites, elles connaissent leurs droits et savent quoi exiger. Elles ont la possibilité de trouver un emploi et de s'occuper de leurs familles. Quand elles n'ont pas accès à l'éducation, elles deviennent un poids financier pour leur famille et font souvent l'objet de mariages précoces et forcés.

Cela a des conséquences spécifiques sur les mutilations génitales féminines (MGF). Souvent, les pères acceptent de ne pas y soumettre leurs filles parce que celles-ci, en recevant une éducation, pourront devenir soutien de famille. Par contre, en l'absence d'éducation, les coutumes reprennent, pour permettre de vendre les filles contre des dots. Comme me le dit Agnes Pareyo, directrice du Comité kenyan de lutte contre les mutilations génitales féminines : « Le Covid a fermé les écoles et renvoyé nos filles à la maison. Personne ne savait ce qui se passait derrière les portes. Nous savons que si on instruit une fille, il n'y aura pas de MGF. Maintenant, malheureusement, l'inverse est vrai. »

Pendant les premiers mois de la pandémie, j'étais idéalement placée pour observer la situation du personnel infirmier aux États-Unis, principalement des femmes. Je travaillais avec le syndicat infirmier le plus grand et le plus radical du pays, le National Nurses United, et j'ai interviewé de nombreuses infirmières travaillant en première ligne. J'ai observé comment, des mois durant, elles tenaient des postes éreintants de douze heures, lourds de choix déchirants et de traumatismes, où elles jouaient le rôle d'accoucheuses de la mort. Pendant leur courte pause déjeuner, il leur fallait protester contre leur manque d'équipement de protection personnel, qui les mettait encore plus en danger. De même que personne n'avait pensé à ce que cela signifierait de confiner les femmes et les enfants dans des maisons où vivaient des agresseurs, personne n'a pensé à ce que ça représenterait d'envoyer des infirmières dans une pandémie extrêmement contagieuse sans équipement de protection adéquat. Dans certains hôpitaux des États-Unis, les infirmières portaient des sacs-poubelle en guise de blouses et réutilisaient plusieurs fois des masques à usage unique. Elles étaient obligées de continuer à travailler même quand elles avaient de la fièvre.

Cette façon de traiter les infirmières qui risquaient leur vie pour sauver la nôtre était une forme de violence et d'irrespect choquante. Mais dans de nombreux autres secteurs professionnels aussi, les femmes ont été laissées sans protection, depuis les travailleuses d'entrepôt qui emballent et expédient nos marchandises jusqu'aux ouvrières des usines de traitement de la viande et de la volaille, entassées dans une proximité dangereuse et obligées de venir même malades. Un des rebondissements les plus sidérants touche les travailleuses « à pourboire » du secteur de la restauration aux États-Unis, à qui il était déjà autorisé de verser le salaire scandaleusement bas de 2,13 dollars de l'heure, inchangé depuis vingt-deux ans. Non seulement l'activité a décliné, mais les pourboires ont baissé considérablement pour ces femmes et, ajouté à cela, une nouvelle humiliation a vu le jour, surnommée le harcèlement « masculaire » : des clients hommes exigent que les serveuses retirent leurs masques pour leur permettre de décider s'ils vont leur laisser un pourboire et si oui de quel montant en fonction de leur visage.

Les ouvrières agricoles travaillant aux États-Unis ont vu leur protection baisser, faute de surveillance. Mily Treviño-Sauceda, directrice exécutive de l'Alianza Nacional de Campesinas, me raconte que la pression s'est intensifiée sur les *campesinas*, les ouvrières agricoles : « Il y a davantage d'intoxications aux pesticides, d'abus sexuels et de problèmes de stress thermique, et moins de suivi de la part des organismes gouvernementaux ou de la police, à cause du Covid-19. »

Le Covid a révélé que nous vivions avec deux idées incompatibles en ce qui concerne les femmes. La première est que les femmes sont essentielles à tous les aspects de la vie et à notre survie en tant qu'espèce. La seconde est que les femmes peuvent aisément être violentées, sacrifiées et oblitérées. C'est cette dualité que le patriarcat a tissée dans la trame même de l'existence et que le Covid a mise en lumière. Si nous voulons perdurer comme espèce, il va falloir résoudre cette contradiction et réparer les préjudices.

Pour être claire, le problème, ce ne sont pas les confinements mais ce que les confinements et la pandémie qui les a rendus nécessaires ont mis en lumière. Le Covid a révélé que le patriarcat se portait bien, qu'il se réaffirme en période de crise parce qu'il n'a jamais été véritablement déconstruit et que, tel un virus non traité, il revient avec encore plus de force chaque fois que les conditions sont favorables.

La vérité, c'est qu'à moins que la culture change, à moins que le patriarcat soit démantelé, nous sommes indéfiniment voués à l'échec. Au sortir du Covid, nous nous devons d'être intrépides, audacieux, scandaleux, et d'imaginer une façon d'exister sur terre qui soit plus radicale. Nous devons continuer à fonder et répandre des mouvements militants. Nous avons besoin, à des positions de pouvoir, de personnes de couleur cisgenres, transgenres et non binaires, progressistes et issues de la base. Nous avons besoin d'une initiative mondiale à l'échelle d'un plan Marshall, voire de plus grande ampleur, pour déconstruire et exorciser le patriarcat – qui est la racine de tant d'autres formes d'oppression, de l'impérialisme au racisme, de la transphobie au dénigrement de la terre.

La première étape serait une reconnaissance publique, accompagnée d'une éducation sur la nature du patriarcat, étant entendu qu'il nous mène à notre perte. Il y aurait de la formation continue, des forums et des processus publics où l'on étudierait comment le patriarcat conduit à différentes formes d'oppression. L'art aiderait à éliminer traumatisme, chagrin, agression, douleur et colère présents dans la culture, à guérir et dédommager les gens. Nous comprendrions qu'une culture qui pratique l'amnésie délibérée et refuse d'assumer son passé ne peut que répéter ses malheurs et maltraitances. Les centres religieux et communautaires aideraient leurs membres à surmonter les traumatismes. Nous étudierons les grands arts que sont l'écoute et l'empathie. On réparerait ses torts et demanderait pardon dans des forums publics et des rencontres privées. Apprendre l'art de demander pardon serait aussi important que la prière.

L'autrice féministe Gerda Lerner écrivait en 1986 : « Le système du patriarcat dans une construction historique a un début et il aura une fin. Son temps semble presque toucher à son terme. Il ne sert plus les besoins des hommes et des femmes, et son lien inextricable au militarisme, à la hiérarchie et au racisme menace l'existence même de la vie sur terre. »

Aussi puissant qu'il soit, le patriarcat n'est jamais qu'une histoire. Maintenant que s'ouvre l'ère postpandémie, pouvons-nous imaginer un autre système, qui ne soit pas fondé sur la hiérarchie, la violence, la domination, la colonisation et l'occupation ? Voyons-nous le rapport entre dévaloriser, maltraiter et opprimer les femmes d'une part, et la destruction de la Terre de l'autre ? Et si nous vivions comme si nous étions tous parents ? Et si nous traitions chaque personne comme sacrée et essentielle à l'histoire de l'humanité qui se déroule ?

Et si, au lieu d'exploiter, dominer les femmes et les filles et les faire souffrir en période de crise, nous concevions un monde qui les valorise, leur offre une éducation, les paie, les écoute, se soucie d'elles et les place au centre ?

Libérer le chant de l'oiseau

Février 2022

En février 2022 j'ai dirigé une série d'articles intitulée « Vivre dans un corps de femme » pour le Guardian. *J'ai demandé à un groupe de femmes cisgenres et transgenres et de personnes de diverses identités de genre d'écrire l'histoire que leur corps avait besoin de raconter. Le but de cette série était de renforcer et d'inspirer les femmes de One Billion Rising, la campagne mondiale de protestation pour mettre fin au viol et à toutes les formes de violence contre les femmes et les personnes de diverses identités de genre, qui en 2022 ont décidé de se lever pour les corps de toutes les femmes, les filles et la Terre.*

Pendant tant d'années, j'ai vécu comme si je n'avais pas de corps. Le mien était un terrain conquis, un lieu qui avait été pillé et vaincu dès le tout début.

Il y a treize ans, j'ai appris que j'avais un cancer de l'utérus de stade 3 à 4. Je l'ai découvert tard : une tumeur grosse comme un avocat avait déjà envahi mon utérus. Elle avait traversé mon côlon. Je ne le savais pas ni ne le sentais. Je n'habitais pas mon corps.

J'ai parcouru le monde en quête de réponses, demandant partout aux femmes : Quand as-tu quitté ton corps ? À qui appartient ton corps ? Quel espace ton corps est-il autorisé à occuper ? Comment ton corps a-t-il été meurtri, changé ou rejeté par ces forces : le gouvernement, ton travail, la Cour suprême, la suprématie blanche, la catastrophe climatique, la pauvreté, les violences policières, le colonialisme de peuplement, la transphobie, l'impérialisme, le capitalisme ? Quand ton corps se repose-t-il ? Comment ton corps riposte-t-il ? Quelle histoire ton corps a-t-il besoin de raconter ? Qu'est-ce qu'un corps ? Que t'a-t-on appris à croire sur ton corps ? Entends-tu le corps de la terre ? Que dit-elle ?

Les corps des femmes sont constamment sous la menace. Sur le qui-vive. Esquivent. Se recroquevillent. Se cachent. Se font petits. Moins manifestes ou alors scandaleusement manifestes. Attendent l'affront. Se méfient du contact non voulu. La main mal placée. Le coup de poing. Le viol. Le meurtre.

Les infirmières censées sacrifier leurs corps pour les gens qui refusent de porter un masque et protéger ainsi leur propre corps. Les serveuses obligées de retirer leurs masques, de s'exposer à la maladie et à la mort pour que le client qui ne porte pas de masque puisse décider si elles sont assez jolies pour son pourboire minable. Les corps des ouvrières agricoles agressés pendant les récoltes. Les champs sont surnommés *field de calzon* – le champ des culottes parce qu'on leur arrache leurs culottes quand on les viole.

Les corps des femmes noires frappés par les balles de la police dans leurs lits, leurs voitures, dans des couloirs, frappés par une balle pour une infraction au Code de la route devant leur enfant, tués lors d'une visite de « vérification du bien-être »[1], pas le bon corps et pas la bonne maison. Des corps qui ont besoin de soins, de repos, tués simplement parce qu'ils sont là. Et ensuite, même leurs histoires et leurs noms, on les fait disparaître. Dis son corps, dis son nom.

Corps d'une enfant vendue par ses parents à un vieil homme à Hérat, en Afghanistan, pour maintenir en vie la famille affamée, vendue en ligne au prix d'un téléphone portable. D'autres mineures dégotées par une mondaine, en Grande-Bretagne, pour son petit ami riche et sadique, qui offre les corps des fillettes à son radieux cercle de dépravés.

Les corps des femmes, qui portent le souvenir des traumatismes sous forme de kystes et tumeurs, de boules et grosseurs, qui poussent à l'endroit où la méchanceté a laissé sa marque.

1. *Wellness check* : à la demande d'un proche, la police se rend au domicile d'une personne, notamment une personne âgée ou fragile, pour s'assurer qu'elle va bien.

Les corps des femmes, qui toujours servent, nourrissent, baignent, entourent, portent, soignent d'autres corps, des corps qui n'ont jamais le temps de penser à eux-mêmes.

Les corps des femmes, détestés pour leur « perfection », pour leur « imperfection », détestés parce qu'ils sont trop maigres, trop gros, trop ronds, trop plats. Détestés parce qu'ils sont capables d'être tout ça et de vous faire ressentir tout ça.

Des corps qui se souviennent, qui se réancrent, qui reviennent, qui deviennent corps pour la première fois, deviennent des corps entiers et reposés. La brûlure des doigts de papa non voulus, enfoncés en soi à cinq ans, qui devient aujourd'hui parole, qui devient flamme, la langue de la détermination, de la puissance.

Des corps aux seins nus dans les rues pour faire reculer le féminicide. Des corps de femmes autochtones à cheval, en kayak sur le fleuve à distance raisonnable des pipelines sur le point de déverser du pétrole. Des corps aux poings levés, bravant les rangées de policiers qui déferlent. Des centaines de corps aux aptitudes différentes qui occupent les couloirs du Congrès. Des corps enragés qui défoncent les portes métalliques d'une usine où leurs camarades sont morts pour rien. Des corps de femmes qui n'ont pas honte d'être en vie, qui libèrent la beauté et le chant d'oiseau en elles, ne sont plus prisonnières ou muselées, qui deviennent une, un seul corps qui enfle comme une vague, embrassant les autres corps maintenant prêts qui se lèvent.

V

LE CHAGRIN

L'histoire que nous avons peur de raconter est peut-être que nous autres humains sommes faits d'autant de peines que d'étoiles. Nos corps, de fleuve plutôt que d'os, ont grandi à l'intérieur de cette enveloppe sacrée de nutriments et de chagrin. Qu'est-ce un cœur, si ce n'est un noyau sédimentaire d'émotions brutes, transmises d'une génération à l'autre ?

Pendant la majeure partie de ma vie, j'ai parcouru ce fleuve, emportée par des courants indomptables, ensanglantée par d'inexorables rochers. Il m'a appelée très tôt. Pas parce que j'étais courageuse mais parce que je saignais. J'avais faim de connaître la blessure. Ou plutôt j'avais faim, en nageant, de franchir le portail qui mène à l'autre côté.

Pliage

Montauk, New York, 1988

Elles sont alignées, tes affaires, comme des sacs mortuaires, comme des organes échoués. Je plie la chemise de coton à rayures blanches et bleues. Elle est douce et je me souviens que tu me portais dans tes bras et que notre bébé était en train de mourir, et la lumière et la douceur du bleu et du blanc donnaient un air si fragile à ton visage bronzé. Je me souviens de toi avec cette chemise à la plage, un jour, parce que tu avais un coup de soleil. Ta façon de mettre la crème épaisse et blanche sans jamais la faire pénétrer correctement, et les gens compatissaient, car ça te donnait l'air malade ou dérangé. Difficile à dire. Et je me souviens de toi portant la chemise à rayures blanches et bleues avec des baskets peut-être, et qu'il y avait du printemps dans l'air et que je t'ai retrouvé pour des cappuccinos glacés, que nous avons fumé trop de cigarettes. Nous fêtions une première, il me semble. Je te croyais quand tu disais que tu vivais pour le son de ma machine à écrire.

Je plie la chemise et mes mains transpirent comme toi quand tu mâchais trop de chewing-gum après avoir arrêté de boire, et que tu avais de violentes crampes d'estomac. Plié en deux dans un terminal d'aéroport. Tout ce que tu faisais était extrême.

M, ta poitrine était un monument. C'était ma base. Nous avons duré des années. C'était un accident. L'amour. Tu revenais au lit après la une du journal et trop de café, on s'enlaçait et on recommençait. Ta poitrine, quelques poils gris épars et si parfaitement placés. Tes aisselles, si douces. J'ai rêvé d'y vivre, pendant un temps.

Je plie cette chemise rayée bleu et blanc, et il y a des bateaux que nous avons pris et des trains et des avions. Des virées à moto et des chiens. Adoptés tous les deux. Qui mordaient les gens tous les deux. Et notre chat, Simon, dont nous avons découvert dix ans plus tard qu'elle était Simone, qui se frotte contre la chemise à présent. Je me souviens comme nous nous repérions de loin et avancions l'un vers l'autre, pris dans ce sourire comme si nous venions de nous rencontrer. Comme tu adorais les cornichons et les gros sandwiches, les liquides, tout ce qui était chocolat, la musique country bizarre, faire le mort, taillader mes bottes en cuir sous l'empire de la colère, arracher la porte du frigo, tes poings avaient fait des trous dans le mur et on les a recouverts avec des gravures pas chères d'animaux sauvages. Je ne te donnais pas assez. Personne ne t'en donnait assez. La nature de l'amour et des origines, et des trous trop grands créant d'autres trous impossibles.

Homme mangeur de viande et de pommes de terre, homme alligator. Je plie ta chemise rayée bleu et blanc. Les bruits de gorge que tu faisais, toujours à te racler la gorge. Toujours quelque chose qui restait coincé là.

Tu avais promis que nous vieillirions ensemble. Tu avais

promis de revenir me sauver et tu l'as fait, et on a commencé d'aller mieux. Plus de tremblements. Plus de crises d'angoisse en faisant la queue pour les courses. Nous avons vécu la Libye, la Grenade, Carter, Bush, Reagan, Three Mile Island, le sida, un million de personnes contre la guerre nucléaire à Central Park, les otages, la mort d'Abbie, la chute du Mur de Berlin, Tiananmen, Mandela libre, la pluie acide.

Je plie cette chemise, mes mains tremblent parce que seule, je suis seule. Quand ces affaires partiront, quand les sacs mortuaires seront retirés, il ne restera que le sang séché par terre et la silhouette tracée au sol, comme après un crime, mais ce n'en était pas un. C'était un accident. Un événement capital qui s'est prolongé pendant des années, pour devenir quelque chose qui s'appelle ma vie.

Je t'ai rencontré dans un bar et tu étais beau, à jeun et surexcité ; c'était l'été en sueur dans la studette et nous faisions l'amour neuf heures durant et perdions les après-midi, et ce fut le début de ma vie adulte. Je n'avais jamais été avec quelqu'un avant, jamais dit oui découvrons où cela va nous emmener. Allons jusqu'au bout et voyons – et nous avons cessé de grandir dans la même direction.

Je serai seule quand ces affaires partiront. Prends-moi dans tes bras. N'arrête pas, M. C'était cela le grand événement. Toi, M.

Je ne verrai pas tes cheveux blanchir ni ne te verrai devenir vieux, grognon et revêche. Dur à croire que c'est ce que je voulais, pourtant si. Je plie la chemise et j'essaie toujours de déglutir. Ma gorge se ferme comme la trappe du château de la sorcière dans *Le Magicien d'Oz*. Juillet arrive et les gens reviennent, il fait jour de plus en plus tard. Toi, c'était le plus proche que j'en suis jamais venue et que j'en viendrai peut-être jamais. Les bateaux qui prennent le large. Les voix des enfants douloureusement fortes, qui hurlent maintenant par cette journée de fin d'été.

Theresienstadt

1991

Nous sommes arrivées à Theresienstadt le 15 octobre 1991, pour la commémoration des cinquante ans de la création du camp. Le premier convoi y est arrivé en octobre 1941. Je suis partie en Tchécoslovaquie avec ma chère amie Michelle, sa sœur Denise et sa mère Helen, une survivante du camp.

I

Les feuilles tombent sur le chemin de Theresienstadt. Il se met à pleuvoir et les énormes essuie-glaces du car giflent les premières gouttes et les écrasent comme des molécules qui ne naîtront jamais. Michelle a mal aux dents. Elle se tient la bouche. Michelle prend le car pour se rendre à un endroit où des gens ont affamé sa mère et l'ont humiliée. Ils l'ont fait monter de force dans un wagon à bestiaux, entassée avec un millier d'autres personnes terrifiées, dans l'obscurité et les mauvaises odeurs, et elle ne pouvait pas voir au-dehors. Michelle prend un car pour se rendre à un endroit qui a possédé ses rêves, hanté son imagination.

L'endroit est infect, il vit depuis longtemps au creux de l'estomac de Michelle comme une tumeur, tiraille si elle bouge trop vite, parle trop fort ou désire trop ardemment. C'est un endroit qui a assassiné les grands-parents de Michelle, les a engloutis dans le typhus, la dysenterie et le désespoir. Michelle a trente-neuf ans. Elle vit dans un coin ensoleillé de Californie. Elle a un nouveau fils. Elle prend le car pour se rendre dans un endroit entouré de routes spacieuses et d'arbres d'un vert éblouissant ; il y a des boutiques qui vendent des petits parapluies avec des animaux de dessin animé, des citadins heureux qui boivent de la bière en mangeant du salami.

Les dents de Michelle lui font de plus en plus mal à mesure que le car approche de l'endroit. Elle tient sa bouche et pousse sur ses dents comme si cette pression allait empêcher un vent invisible de les attraper. Denise, la sœur aînée de Michelle, est, elle aussi, à bord du car. Denise a quarante et un ans. Elle habite près d'une caserne de pompiers dans une petite ville du New Jersey. Le vacarme des camions de pompiers la rassure. Ça la rassure d'être près du danger parce que le danger lui est si familier, et que l'idée du sauvetage la rassure. Depuis qu'elle est petite, les nazis sont des personnages de premier plan dans ses rêves. Denise est illustratrice de livres pour enfants, elle peint des images de contes de fées, des dragons, des licornes et des lapins ailés. Quand le car se rapproche de l'endroit, Michelle et Denise se mettent à parler rapidement.

La mère de Michelle, Helen, est également à bord. Elle a soixante-neuf ans. Son visage se contracte quand le car passe devant des tas de charbon en combustion. Elle retourne après cinquante ans dans un endroit qui a changé sa chimie spirituelle, oblitéré définitivement sa croyance en Dieu. Elle retourne dans un endroit où on pendait des gens en public pour donner une leçon aux autres, un endroit où il mourait tant de gens chaque jour que leurs corps remplissaient les rues, et des chariots de la mort les ramassaient et les emportaient au funérarium. Elle retourne à un endroit où elle attendait tous les jours qu'on la transporte à l'Est, là où ses amies étaient obligées, sous la menace des armes, d'entrer dans de petites pièces métalliques – la porte se fermait à clé sur elles et du gaz arrivait, elles griffaient désespérément la paroi et mouraient. Helen retourne à un endroit où elle faisait pousser des betteraves et des oignons, où elle a bêché et récolté des légumes pour les SS, et, parce qu'elle jardinait, d'une certaine manière, elle a survécu. Elle retourne à un endroit où elle a été au chevet de sa mère mourante et dû trouver la force de lui dire, de dire à sa mère, quand celle-ci a réclamé son mari, qu'il était déjà mort de dysenterie.

Helen retourne à un endroit, mais cette fois-ci elle a ses deux filles avec elle. Michelle craint que les souvenirs, que sa mère a su tenir à distance jusqu'à présent, déferlent d'un instant à l'autre sur elle comme un ouragan et l'emportent définitivement vers le large. Denise a peur d'être submergée par l'émotion et de ne pas pouvoir être forte pour sa mère. Helen redoute que Michelle soit trop sensible pour supporter l'expérience. Elle a essayé de protéger ses filles. Elle ne voulait pas qu'elles vivent dans la terreur. Il est clair que ce qui est arrivé à Helen et à des millions de juifs pendant l'Holocauste était trop énorme pour être caché. Denise et Michelle sont attentives, douces, fragiles et profondément bonnes. Elles sont hantées par des démons flottants, par une histoire et un lieu dont elles n'ont jamais fait partie physiquement. Et les voici à bord du car, toutes les trois. Elles retournent ensemble à un endroit, pour être là, pour témoigner.

II

Au début, Helen ne reconnaît rien. Elle ne se souvient pas qu'il y avait des arbres. Il n'y avait pas d'arbres, pense-t-elle, rien de vert. Elle n'arrête pas de tourner, de pivoter, en espérant retomber sur le bon emplacement qui la guidera dans une direction familière. Elle est perdue.

Il y a des centaines d'autres survivants et survivantes de l'endroit qui sont revenus. Ils échangent de longs regards fiévreux, comme s'ils venaient de se réveiller de quelque chose. C'est une galerie de visages, ciselés et inquiets, brisés et pourtant étonnamment vivants. Il pleut. Helen parle tchèque aux inconnus, Michelle et Denise tiennent fermement leurs parapluies, comme des drapeaux, libérant une armée invisible. Qui semble figée dans l'endroit.

Comment as-tu survécu, Helen ?

« Le hasard. »

On nous fait faire le tour de Theresienstadt. C'est lugubre, gris et étrangement beau. Chaque emplacement est un lieu de deuil, de terreur ou de survie de dernière minute. Nous passons devant un champ envahi de végétation, et tout le monde pense que c'est là qu'Helen cultivait des légumes pour les SS. Nous passons devant l'endroit où des juifs étaient pendus pour servir de leçon à d'autres juifs. Nous passons devant l'endroit où les wagons à bestiaux arrivaient pour amener davantage de juifs. Nous passons devant le crématorium et les chariots de la mort.

Les parents d'Helen sont morts ici, de dysenterie et typhoïde. Elle était soulagée que la chambre à gaz leur ait été épargnée. La tristesse de Michelle et Denise explose lorsqu'elles pensent à leurs grands-parents, à leur mère qui témoigne et tente d'expliquer, tente de comprendre que ses parents sont morts.

Nous passons devant des casernes qui ont servi de prison à des milliers de juifs entassés. Certains dormaient sans couverture à même le sol de ciment glacé. Nous passons devant le dortoir d'Helen, vide, froid et d'une propreté nazie, une centaine de châlits étroits. Nous passons devant des cimetières et nos langues se tapissent de cendres.

La marche d'Helen autour de Theresienstadt n'est pas une fuite. C'est une marche conquérante, comme si chaque pas dépassait un moment de l'Holocauste, chaque espace franchissait un abîme historique.

La marche d'Helen autour de Theresienstadt est son retour. Elle a en elle une astronaute qui décrit des cercles dans l'espace depuis cinquante ans, après avoir été éjectée par les moteurs de la cruauté et de l'horreur. Helen repose le pied dans le cadre de sa vie.

La marche d'Helen autour de Theresienstadt est la marche d'une athlète olympique. Elle gagne en élan, en énergie et en couleur. Elle devient plus drôle. Son appétit se réveille. Elle a envie de parler, de tout raconter.

Cette fois-ci Helen a des témoins, qui rendent son expérience réelle, des témoins qui ressentent sa souffrance.

Michelle et Denise marchent lentement. Elles absorbent les détails du passé de leur mère comme autant de messages essentiels. Elles s'arrêtent parfois et leur regard est fixe. Elles pleurent. Elles se hissent à l'intérieur de leur mère.

Elles se rendent compte que les mères ne peuvent pas nous protéger – pas des nazis, pas du mal, pas de la mort. Elles regardent leur mère libérer sa torture : un vol de colombes en feu qui jaillit dans un ciel allemand hivernal et pluvieux.

Où toute la peine

Kingston, New York, 2018

Je me demandais où toute la peine
de tout le monde finissait.
Je regardais les étrangers dans les jardins publics et les restaurants
cherchais sur leurs visages les fissures du chagrin.
La peine était partout mais on ne pouvait la toucher nulle part.
Je la sentais la nuit dans ma chambre,
pas vraiment fantomatique
mais épaisse et écrasante.
Accroupie, je me balançais, me berçais
pour chasser l'apparition suffocante.
Je la sentais dans le tintement des glaçons de mes parents, à l'apéritif.
Je la sentais dans la démarche traînante de ceux qui travaillaient
pour les riches.
Je la sentais à la façon dont ma mère parfaite et si belle
demeurait introuvable.
Je la sentais chez les garçons obsédés
qui essayaient de toucher mes seins d'ado.

J'avais une peur panique que la peine
soit tapie quelque part,
une peur panique qu'elle s'accumule,
une peur panique qu'elle revienne un jour
et nous avale tous tout entiers.

Et peut-être est-ce arrivé
ou bientôt.

Qu'est-ce que l'armée si ce n'est la camisole de force glorifiée de notre deuil ?
Que sont les drones, les fusils d'assaut et les bombes si ce ne sont des armes d'acier braquées sur notre tristesse ou toute personne ou chose qui y ressemble ?
Qu'est-ce que la pornographie si ce n'est une mise en scène tapageuse de nos plus profonds sentiments de perte et de nostalgie ?

Aujourd'hui je me suis tenue devant la rivière boueuse de mon jardin
après des jours de pluie.
J'ai pensé à tous les fleuves et les rivières que j'ai rencontrés dans ma vie —
à tous les océans et les lacs.
J'ai pensé à l'Adriatique aux eaux salées qui a guéri
l'amertume et les piqûres en juillet.

J'ai pensé à Juhu Beach à Chennai, au cortège de femmes de tous âges en saris étincelants d'or, de rose et de violet au soleil couchant

et aux vaches au pas lent
(je n'avais jamais vu de vaches sur une plage).
J'ai pensé à l'Atlantique, âpre et nu à la fin septembre sur la pointe de Montauk,
lorsque j'y plongeais ma tête chauve,
que l'eau de mer piquait et lavait les éraflures de mon crâne
dont j'avais rasé les cheveux décimés par la chimio.
J'ai repensé à la mer Rouge à Charm-el-Cheikh
à nous tous qui nous étions réfugiés là-bas
juste après l'attentat.
À ma sœur de Somalie
qui m'a dit alors : quand les milices arrivent, tu cours à la mer, toujours.
J'ai pensé à la première fois où j'avais traversé le lac Kivu, de Goma à Bukavu
au Congo-Kinshasa – l'horizon doux, d'un bleu de cire, semblant nier tant de corps découpés à la machette en contrebas.
Et mes larmes étaient des larmes de boue humides
qui me rattachaient à la rivière boueuse du village
du Kosovo où les enfants jouaient parmi
les détritus et les crânes humains,
me rattachaient aux colonies de manchots loufoques et cartoonesques
sur les plages de sable de Cape Town,
me rattachaient aux danseuses orientales ondoyant
au rythme des vagues légères sur le bateau étroit qui descend le Nil,
me rattachaient à l'incroyable marée basse de Matabungkay aux Philippines.

Nous avancions vers le large entre les grands roseaux
Tellement défoncés à huit heures du matin.
Pour la première fois de ma vie je m'étais littéralement perdue dans l'horizon.
Mes larmes boueuses me rattachaient à la Seine, parfois marron et parfois verte ou noire selon la lumière, la Seine
qui traverse ma vie comme elle traverse Paris.

La Seine, qui m'a donné deux livres
et rendu mon corps
après le cancer.
Anormalement haute, il y a quelques semaines à peine,
inondant la ville,
me rattachant à la Flint River dans le Michigan
vingt-cinq mille gamins exposés au saturnisme.
Certains ont la gale ou des rougeurs, certains ont cessé de grandir.
Certains sont devenus agressifs.
Et les enfants qui meurent dans le delta du Niger avant d'arriver à l'hôpital à cause de l'eau contaminée par le pétrole
l'espérance de vie passée de soixante-dix à quarante-cinq ans.
Pétrole, pétrole, larmes de pétrole,
la négligence de BP causant des marées noires,
une explosion de pétrole dans le golfe du Mexique
pélicans et poissons recouverts de pétrole
et cette contamination qui signifie
des pertes d'emploi ne permettant pas le deuil
mais un désespoir
qui signifie pour des femmes les humiliations
et les coups de leurs maris au chômage.

Je me suis assise au bord de la rivière et j'ai pleuré le plomb dans l'eau et le fluorure de sodium, le mercure, l'arsenic, les dioxines, les biphényles polychlorés, le chlore, le perchlorate et le pétrole.
J'ai pleuré pour les océans que j'ai rencontrés et pour tous les autres.
J'ai pleuré pour les dauphins pris au piège dans d'immenses emballages plastique et les albatros
des îles Midway, ventre plein de bouchons en plastique et de batteries qu'ils avaient crus comestibles.
J'ai pleuré pour les enfants qui ne sauront jamais ce que c'est d'entrer en courant bras grands ouverts, sans inquiétude, dans une mer voluptueuse,
qui voient l'eau comme une prédatrice et non comme une source.
J'ai pleuré sur notre égoïsme et notre stupidité.
J'ai pleuré pour tous ceux qui ne pleureront pas
qui ne peuvent pas pleurer et refusent de laisser leurs larmes
les unir à la mer de larmes
à la rivière boueuse du chagrin.

J'ai pleuré pour la fille de seize ans qui faisait plus confiance à l'océan
qu'à sa propre mère.
Elle allongeait son corps mince et nu
à moitié dans l'eau, à moitié hors,
ses longs cheveux bruns
devenant sable, coquillages brisés et pierre.

Et elle murmurait d'une voix forte
presque une psalmodie :
fais-moi clam, corail, algue
fais-moi méduse, trompette et crabe
fais-moi bleu salée
fais-moi transparente
Rends-moi sauvage.

VI

TOMBER

Ma grande amie Elizabeth Streb, chorégraphe de l'action extrême, dit ceci : « Tomber ? Il n'y a rien de plus intéressant – en majeure partie parce que ça ne se contrôle pas. Jamais. La chute, c'est la seconde qui suit le moment où on ne peut plus prendre de décisions. L'avenir est enfin "maintenant". La chute, c'est tout ce qui fait le mouvement. Le contrôle ou l'idée d'acquérir une compétence n'ont rien à voir avec le mouvement. Rien. »

Je ne me souviens pas d'une époque où je ne tombais pas. Je me souviens de moi tombant avant de me souvenir de moi debout. On m'a appelée Eve, du nom de la première femme à avoir chuté. J'étais la porteuse de la chute.

À dix ans je suis tombée de très haut. Moi qui avais été adorée de mon père, j'ai été littéralement chassée de son jardin. Je suis tombée en disgrâce, tombée de la famille. Je suis tombée dans la violence.

J'ai passé mes premières années à repousser les limites de la gravité. Ce n'était pas tant de l'intrépidité qu'une question d'entraînement. Apprendre à tomber sans me casser. Je suis devenue plongeuse de haut vol, je tombais en faisant des saltos dans l'air. Je sautais du haut de grandes falaises. La liberté de la chute, la folle sensation d'être en vie que donne la chute. Le danger magnifique.

Peut-être qu'écrire, toutes ces années, a été simplement ma façon de consigner des chutes : celles de lieux, de gens et de murs, les retombées de guerre et de pandémie, les moments où l'on tombe et détombe amoureux, la chute des empires, les personnes sans logement, en prison, en exil ou les victimes de viol qui tombent à la trappe, tomber en morceaux, moi-même tombant du haut de mes attentes trop élevées, la peur de tomber sur un bec.

2020. Le monde est tombé hors du temps, hors de portée. Un type de chute est tombé dans une autre. Chute intersectionnelle. Des femmes noires et des femmes et hommes trans tombant sous les balles de la police dans les rues d'Amérique, des corps tombant par millions du Covid-19, des millions d'oiseaux tombant du ciel en flammes. Des genoux sur les cous, des respirateurs enfoncés dans les gorges. « I can't breathe. » *J'étouffe. Les murs du déni s'effondrent comme d'immenses couches de glace arctique. Chute et inondation.*

Comment vivre à la limite de ce qui n'est plus ?

Kingston, New York, 2020

Le risque est-il l'unique pays ?
Tomber, la nouvelle langue ?
Tu es sûr·e que tu l'as ?
Est-ce que ça a toujours existé ?
Ça te donne envie de faire du shopping ?
Ou du ménage ?
De compter les morts ?
Tu remarques comment le microbe se glisse sans cesse dans la conversation ?
Connais-tu ton rang dans la hiérarchie du jetable ?
Aimerais-tu changer de place ?
Vraiment ?
Les affections préexistantes sont-elles équivalentes à l'oppression systémique ?
Comment se confiner chez soi sans un chez-soi ?
T'es-tu senti·e rassuré·e malgré ta honte à la pensée que ce sont surtout les vieux
qui en meurent, avant de te rappeler que tu faisais partie des vieux ?
Que signifie être porteur ?

Qui deviendras-tu à distance ?
Choisir entre la maladie et la faim, est-ce un choix ?
Qui n'avais-tu pas remarqué avant ?
S'emploient-elles à te maintenir en vie en ce moment ?
Te souviendras-tu d'elles après ?
La mutinerie est-elle possible en quarantaine ?

Après les incendies

Kingston, New York, 2020

Ils sont tombés du ciel par milliers
comme de petits sacs
éclatant sur les protège-pare-brise des voitures abandonnées
ou le brûlant bitume des autoroutes sans fin
quasi réduits à des os
par la faim et l'hypothermie
Certains n'ont jamais pu décoller du sol
Hirondelles
Fauvettes
Sonnées, sautillant avec une sorte de tristesse
La plupart avaient volé trop loin dans la mauvaise
   direction
pour échapper à la fumée
à deux inspirations d'un coup
comme respirent les oiseaux
ce fut d'une efficacité catastrophique.
Nous nous échappons tous en ce moment.
Ils l'ont plongée dans le coma
pour qu'elle ne soit pas trop terrifiée,
le visage attaché et scotché au respirateur.

Dites-moi
Dites-moi
qui nous respire à présent ?

Chère (Terre) Mère,

Kingston, New York, 2020

En 2018, j'ai écrit un livre intitulé The Apology[1]. *J'avais passé le plus gros de ma vie à attendre que mon père me demande pardon d'avoir abusé de moi sexuellement et de m'avoir battue quand j'étais enfant. Trente et un ans après sa mort, j'attendais toujours. Alors j'ai décidé d'écrire les excuses que j'avais besoin d'entendre de lui. Ce fut une expérience atroce, néanmoins libératrice en définitive. Après avoir fini, j'ai compris que moi aussi, j'avais à demander pardon.*

Ça a commencé par les oiseaux, les 2,9 milliards d'oiseaux d'Amérique du Nord manquant à l'appel, les 2,9 milliards d'oiseaux qui ont disparu sans que personne ne le remarque. Les moineaux, les merles et les hirondelles qui n'y sont pas arrivés – qui ne sont jamais nés, qui ont cessé de voler, chanter ou construire leurs nids si ingénieux, qui ne se sont perchés nulle part ni n'ont picoré de leurs becs délicats une terre humide et noire. Ça a commencé par les oiseaux.

1. *Pardon*, Denoël, 2020.

Ne nous étions-nous pas fait la remarque en juin, Celeste et moi, qu'ils n'étaient pour ainsi dire pas là ? Un calme inquiétant s'était installé. Mais ils étaient revenus plus tard. Les nuées d'hirondelles rustiques et les immenses corbeaux qui se posaient un à un sur le gravier. Je sais que c'est après avoir appris pour les oiseaux, cet après-midi-là, que j'ai fait ma chute à vélo. Soudain voilà que je tombais, tombais, incapable d'empêcher la catastrophe imminente, incapable de trouver les freins ni de les actionner, incapable d'arrêter la chute. Tandis que je tombais, que je vrillais, je me rendais compte que ça faisait un moment déjà que je tombais, que nous tombions, tous, les corbeaux, les conifères, les calottes glaciaires et nos attentes aussi – nous tombions, tombions, et je voulais continuer à tomber. Je ne voulais pas être là pour voir tout disparaître, blanchir, brûler, dessécher, s'éteindre, étouffer, ne jamais fleurir. Je ne voulais pas vivre sans les oiseaux, les abeilles, les lucioles qui éclairent les nuits d'été. Je ne voulais pas vivre avec la faim qui nous rendrait sauvages ou le désespoir qui nous donnerait des griffes. Je voulais tomber, tomber au plus profond et au plus sombre du sol et y être enfin immobile et enterrée.

Mais tu avais d'autres projets, Mère. Le vélo a atterri dans l'herbe et la terre, et boum ! J'avais dix ans, les genoux écorchés qui saignaient, j'étais tombée sur la route. Et je m'étais rendu compte alors, déjà, que la nature était quelque chose d'étranger et de cruel, qui pouvait me faire du mal et le ferait, puisque tout ce que j'avais jamais connu de majestueux, beau et puissant avait fini par devenir étranger et cruel et me faire du mal. Déjà à cette époque, j'avais été bannie, du moins je le ressentais ainsi, chassée de la forêt pour toujours. Ma place était parmi les gens brisés, les contaminés, les morts.

Ce fut peut-être la douleur vive à mon genou et mon coude ou la terre incrustée dans ma veste neuve, ce fut peut-être le choc ou la prise de conscience que la mort était préférable à l'épais goudron de chagrin qui coagulait dans ma poitrine, ou peut-être juste le tintement solitaire des rayons de ma roue de vélo qui tournait toujours sans moi. Peu importe. Quelque chose a cassé. Cédé. J'ai entendu le hurlement.

Mère, c'est à cause de moi que les oiseaux ont disparu. À cause de moi que les saumons ne peuvent pas frayer et que les papillons sont incapables de faire leur voyage de retour. Je suis le récif de corail au blanchissement couleur de mort et la mer qui bouillonne sous l'effet du méthane. Je suis les millions de personnes qui fuient des terres desséchées, des forêts en flammes ou des îles qui se noient sous l'eau.

Je ne te voyais pas, Mère. Tu n'étais rien pour moi. L'arrogance née de mes traumatismes et l'ambition m'avaient menée à cette ville palpitante et géniale. Pour courir après un rêve, courir après le prix, la réussite qui prouverait enfin que je n'étais pas méchante ni stupide ni rien de tout ça, que j'avais rien de travers. Oh, Mère, comme je te méprisais ! Qu'avais-tu à m'offrir qui m'aurait donné un statut sur le marché des idées et de la réussite ? Que pouvaient offrir tes arbres dénudés si ce n'est la stupéfiante solitude de l'hiver, ou un vert que j'étais incapable de recevoir ni de supporter. Je te réduisais à la météo, à un désagrément, quelque chose qui se mettait en travers de mes projets, la bouillasse de neige fondue pleine de sel qui bousillait mes bottes ultrachics et chères de citadine. Je refusais ton invitation, dédaignais ta générosité, me méfiais de ton amour. J'ignorais toutes les façons que nous avions de nous servir et abuser de toi. Je faisais semblant de croire aux histoires des pères qui disaient qu'il fallait te dompter et te contrôler – que tu cherchais à nous faire du mal.

Je presse mon corps meurtri sur ton ventre herbu, qui m'inspire et m'expire. Tu m'as manqué, Mère. Je me suis absentée si longtemps. Je le regrette. Je le regrette infiniment. Je suis faite de terre, de gravillons, d'étoiles et de rivière, de peau, d'os, de feuilles, de moustaches et de griffes. Je fais partie de toi, de ceci, ni plus ni moins. Je suis mycélium, pétale, étamine et pistil. Je suis branche et ruche, tronc et pierre. Je suis ce qui est ici et ce qui arrive. Je suis énergie et je suis poussière. Je suis vague et je suis vertige. Je suis une impulsion et je suis un ordre. Je suis les pivoines parfumées et l'acacia parasol au milieu de la savane africaine. Je suis lavande, pissenlit, pâquerette, dahlia, cosmos, chrysanthème, pensée, cœur-de-Marie et rose. Je suis tout ce qui a été nommé et ne l'a pas été, tout ce qui a été cueilli et tout ce qui a été laissé tranquille. Je suis toutes tes créatures disparues, tous les doux oiseaux jamais nés. Je suis fille. Je suis aidante. Je suis défenseure acharnée. Je suis endeuillée. Je suis bandit. Je suis bébé. Je suis implorante. Je suis là maintenant, Mère. Je suis tienne. Je suis tienne. Je suis tienne.

Cigales

Kingston, New York, 2020

Sommes-nous semblables aux cigales ?
Nous voici enfouies sous la terre
Apprenant la langue de la chute
Dans la profondeur d'un sol fécond
Couvertes de feuilles mouillées, de honte,
des dernières touches de neige blanche
Ce tressaillement nerveux est-il
le rêve le regret le souvenir
de nos maisons, peau
et terre, la peau elle aussi ?
Nous devons être, c'est sûr, très loin sous le sol
Flottant chacune dans son enveloppe
Forcées pour finir à apprendre à lire le noir
Dans ce souterrain radical
où nous étouffons et nous noyons
sauf si notre ardent désir nous pousse
À nous recréer.
Les cigales ne peuvent ni piquer ni mordre
Leur unique défense est de faire surface par millions.

VII

PEAU

*Longtemps je me suis sentie comme la créature d'*Eraserhead, *le film de David Lynch. Translucide et surexposée, tremblant sur une commode de chambre à coucher. J'avais besoin d'un lange blanc et doux pour m'envelopper ou d'une mère souhaitant que je me sente tenue et en sécurité. Une peau. Quelque chose qui me contienne et me couvre.*

Je me souviens que j'avais dans les dix ans, que j'étais en voiture avec ma mère. Nous étions sur un parking de banlieue et, pour une raison qui lui appartient, elle s'est crue obligée de me parler des nymphomanes. Elle m'a dit que c'étaient des femmes qui n'en avaient jamais assez. « Assez de quoi ? » ai-je demandé. Mais pour être honnête, je le savais déjà.

C'est comme ça qu'on l'aime

Paris, 1994

Ne nous sautez pas dessus. Visitez. Lovez-vous. Demandez avec des doigts délicats. Attendez la réponse. Voyez si nous nous ouvrons. Faites comme si on avait tout le temps au monde. Faites comme si on était au bord de la mer, sur un banc blanc délavé par les embruns. Faites comme si vous n'aviez rien derrière la tête. Vous aimez être assis. Vous aimez respirer les odeurs. Vous aimez attendre. Offrez-nous quelque chose de doux, de sucré, du chocolat blanc, un peu de confiture de fraises.

Ne nous sautez pas dessus. Épargnez-nous la main baladeuse. N'essayez pas de nous avoir à tout prix. Ne nous oblitérez pas en essayant. Ne faites pas de nous une chose. Soyez gauches. La gaucherie, on adore. N'ayez pas maîtrisé la situation. Nous ne sommes pas des problèmes. Nous ne voulons pas être maîtrisées. Ne sachez pas ce que vous faites. Soyez perdus. Tâtonnez. Cafouillez. Posez des questions.

Ne nous brisez pas. Parce que ça nous rend comme anesthésiées et que vous ne pourrez jamais nous satisfaire, vous vous sentirez incompétents, ça vous mettra dans tous vos états et, là, vous voudrez vraiment nous avoir à tout prix, malgré les protestations ou la terreur. Vous pénétrerez par effraction et ça nous éloignera encore plus l'un de l'autre.

Arrêtez de vous inquiéter d'y arriver. Nous ne sommes pas des centres commerciaux. Nous sommes des ouvertures, des causes, des mystères. Nous vous demandons de continuer.

Ah, une dernière chose : ne vous endormez pas juste après. Pas avant un petit moment, en tout cas. Beaucoup de choses commencent pour nous juste quand vous pensez que c'est fini. Parler ou pleurer, ça en fait encore partie. Ça vient juste d'une autre partie de notre corps.

Prenez-nous dans vos bras, d'accord ? Prenez-nous dans vos bras quand vous croyez que c'est fini.

Prête à claquer du bec

Montauk, New York, 1994

Quand tu mets la main sur la raie de mes fesses et que nous nous endormons, j'ai l'impression que nous sommes en forêt et que la boue calme les piqûres d'abeille. Je table sur un autre pays. J'essaie de croire que tu ne vas pas baiser à gauche et à droite. Tes cheveux relèvent de la physique quantique. Je saute par-dessus ce qui ne m'inspire pas confiance. Tu as dit que je devais être plus douce. J'ai été blessée et maintenant je suis une tortue toujours prête à claquer du bec. Quand tu mets la main sur la raie de mes fesses, c'est la pièce manquante, qui recouvre la honte, qui me la rappelle. Ta tendresse me liquéfie, me fait vite ramper sur le tapis, me surexcite, elle me donne un sentiment de solitude et de soif, me donne envie de la casser en deux, et encore en deux. Décapiter la tendresse. Alors je n'aurai jamais besoin de savoir à quel point c'était violent avant toi. Et dur.

Quand tu mets la main sur la raie de mes fesses, je mords la gomme du crayon noir et je la recrache en visant les cheveux bruns du garçon assis dans la rangée devant moi. Tu dors la tête sur mon épaule et je ne me sens pas de taille pour te mettre en sécurité, toi ou qui que ce soit d'autre, tu ronronnes et baves un peu, là sur mon épaule, et j'imagine des bébés truites dans la flaque qui se forme, et ils sautent, ces petits bébés, comme des particules, comme des actes de foi, comme des créatures qui viennent de naître. Mords mords. Tu me demandes d'essayer d'être plus douce. Je l'étais, tu sais, avant. Quand tout était vert, que mes cheveux étaient encore de jeunes pousses et que la petite cuillère faisait l'aller-retour dans ma bouche. Je te lèche et la chaleur vient, une chaleur quantique. Je te lèche et je sais que si je ne survis pas à ceci, je ne serai jamais humaine. Laisse ta langue plus longtemps. Regarde-le quand il est à l'intérieur de toi. Là, ce sont ses mains. Là c'est ta… Il la touche. Il la touche doucement et cette étrange caresse à peine tangible, qui huile adoucit et cherche de façon presque imperceptible mais sûre, a le goût de ce que les gens appellent l'amour.

La guerre a commencé

New York, 2003

Nous avons tout arrêté
devant la grille en métal noir.
Tu m'as embrassée sur la bouche.
Le brouillard s'était dissipé
et nous avons grimpé l'escalier
je mouillais.
Saddam Hussein venait de sortir.
Il y avait de gros trous partout.
De grands cratères.
Il marchait en souriant
et tu ne trouvais pas comment
retirer ma ceinture, celle
avec l'ours sur la boucle.
Je t'ai aidé
à décapiter le centre
tes lèvres soyeuses
s'ouvrant avec le reste de mon corps.
Lance-missiles
Lances viriles
je ne suis pas une cible

et tu n'es pas précis.
Nous sommes un paysage.
Il y a des émotions.
La guerre a commencé.

Nous bombardons Bagdad
Nous mangeons chinois.
Des heures durant
ils pleuvent des cieux.
Ta langue lèche doucement
Attrapant tes cheveux par touffes moites
je suis chaude
pas comme un missile
pas comme du pétrole enflammé
je suis chaude
comme le soleil
sur les herbes glissantes de l'été
comme une grotte tapissée.
Je suis chaud bouillant George Bush
bafouillant des anecdotes
crache le morceau George
dresse ton mât George
Maintenant tu es un roc
qui finis ce que tu as entrepris.
Tu ne me lâches pas.
Tes mains restent avec moi, cherchant
un objet brillant dans les feuilles humides
Tes mains appuient sur moi
je suis une explosion
pas une bombe de vingt mégatonnes

pas le cerveau d'un môme de cinq ans
qui éclate en débris de jardin d'enfants
je suis une explosion
une femme
une ficelle bientôt tirée
une charge de résistance parfumée
un vagin d'odeurs et d'histoires
qui se déversent
dans tes doigts encourageants
sur le drap à fleurs usé
dans les rues brutales qui attendent.

Tout se passera comme ça

Paris, 2010

Je serai étendue
Draps blancs douloureusement propres
Les femmes aux mains fortes
auront tout juste changé le lit
Elles m'auront déplacée avec soin,
soulevant mes jambes maigres et meurtries
J'essaierai de ne pas trop remarquer
comment leurs gestes
révèlent qu'il reste
si peu de moi
comment leurs doigts si facilement
égratignent mes os
combien mon corps poids de polystyrène est léger
À la place je regarderai par la fenêtre
l'air distraite peut-être ou grognon
Mais pas inquiète. Je serai trop maigre pour l'inquiétude
Trop proche de l'autre côté
Elles penseront que c'est un souvenir peut-être
Ou une nostalgie, ou peut-être qu'elles
Penseront à toute autre chose qu'à moi

Je souhaiterai qu'elles soient plus en lien avec moi
Les femmes
peut-être
Mais je remettrai en question ce souhait lui aussi
Soudain sentimental
En réalité, je serai reconnaissante de leur dissociation
ça me libère de penser
que des draps propres encore maintenant
donnent le sentiment d'un nouveau début
et je serai émue alors en me rendant compte
que j'ai épuisé tous mes débuts

Toi m'embrassant à Hyde Park
la laine de ton caban noir
frottant mon cou
il y avait des canards
nos bouches ne cessaient de s'ouvrir
premiers jours d'automne
début de la chute
début d'une trahison
qui le ferait, lui,
l'autre,
vomir la dinde à Thanksgiving
le seul de mes plats qui lui ait jamais
donné le sentiment d'un foyer et je l'avais
détruit, ce foyer, avec mes baisers de Hyde Park
ou lui, quand c'était encore lui
là près de moi au volant de la voiture
par les rues inondées du Sud
les palmiers ployant et s'agitant à se casser

lui qui me reconduisait
auprès de ma mère
au visage
ridé par la Floride
lui qui me déposait mais attendait attendait dehors
près de la mer
pour me rattraper, accourir peut-être, ou barrer la douleur
de son incrédulité ou son indifférence
lorsque je lui ai dit que son mari, mon père
avait mis ses mains sur mon sexe de cinq ans
lui toujours là qui attendait, voulait me réparer,
me rattraper ou m'apprendre
mais jamais me recevoir
nous commencions sans cesse
attendant de commencer pour de bon
il m'avait dit un jour que ça n'avait pas d'importance si ça
 n'arrivait
qu'une fois
mais qu'il savait que viendrait ce moment, cette occasion
où nous ferions l'amour et
nous perdrions enfin
cette fois n'est jamais venue
et maintenant ne viendra plus
étonnant comme ça semblait dénué d'importance
aussi dénué qu'à l'instant les femmes aux mains fortes
frottant ma peau fine
juste un peu trop brutalement avec
le gant
maintenant
si dénuées d'importance, ces promesses

regardant par la fenêtre
le vent agite tout
le laurier-rose
le pin
le vent le vent le vent
agite tout.

Juste plus fort que toi, parfois

Écrit au départ pour une anthologie publiée en 2011, Sugar in My Bowl : Real Women Write About Real Sex*, sous la direction d'Erica Jong*[1]*.*

Enlever chemise
    Ouvrir ceinture
    Maladroits
    Fais-le, toi
    Non je vais le faire
    Détacher soutien-gorge
    Encore une agrafe
    Se déshabiller
Parfois, c'est juste
    La peau rien que la peau
    Rien que la façon dont la peau

1. Ouvrage non traduit en français. « Sugar in My Bowl » fait référence à une chanson de blues très connue, chantée pour la première fois par Bessie Smith.

Oh parfois, c'est juste comme ça – ta bouche sur sa bouche
Les dents
La langue
Plus fort que toi
Parfois
Vous pensiez être amis
Et puis ce courant
Se mue en une semaine
Dans une petite chambre d'hôtel à Berlin-Est.
Parfois, le truc c'est de
Regarder
Ou être regardés
Se déshabiller devant eux
Devant la grande fenêtre
Parfois, c'est toi qui mets une main
Sur toi-même
Et eux qui regardent
Et Rome qui les regarde
Regarder
Parfois
C'est un bateau plein à craquer
De touristes qui applaudissent
Sur l'Adriatique
Vous êtes pris sur le vif tous les deux
Nus, baisant dans le sable
Vous ne vous arrêtez pas
Parfois, c'est la brûlure de la moquette coquille d'œuf
Dans l'appartement cossu de South Kensington
Parfois, c'est un pari

Quarante-cinquième étage
Ta bouche sur eux
Dans un immeuble qui a eu existé
Et le temps de, ils jouissent
Parfois, c'est rouler sur la folle
Autoroute italienne à mille à l'heure
Ton visage enfoui dans son jean
Des fois c'est par la chaleur à fondre
D'une journée d'été, tu t'es écroulée
Dans l'après-midi
Et te réveilles avec son visage rêche
Entre les jambes
Parfois, c'est le svelte garçon du village
Celui qui a vingt-neuf ans
Les cheveux noirs et bouclés
Qui vient à ta maison de vacances
Au bord de la mer
Il t'embrasse et tu sais que c'est l'été
Et soudain tu n'as pas cinquante-quatre ans
Parfois, c'est une chanson
Ou un joint
Ou trop de chocolat
Parfois, c'est seulement du chocolat
Ou un gâteau d'anniversaire à minuit
Parce que l'un de vous est marié
Parfois, c'est juste lui qui dit avec un authentique
accent anglais
Ça t'ennuie si je mets mon pénis à l'intérieur de toi et il te vient
À l'esprit

Que non
Parfois, c'est cette fenêtre
Grande ouverte à Montauk
Et la lumière est si vive que tu
Ne portes que des lunettes de soleil
Pour regarder dehors
Pendant que l'Australien déchaîné te prend par-derrière
Suant et hurlant
Et parfois
Ça arrive juste au Portugal
Pour la première fois depuis sept ans
Vous vous trouvez l'un l'autre
Et vous n'avez pas peur
Parfois, c'est l'hystérie qui vient
Après qu'il s'est enfoncé si profond en toi
Et pleurer est une façon de jouir
Et parfois
C'est les monter comme des chevaux de rodéo
Ou la baiser comme pour décrocher le gros lot
Et parfois, c'est vous trois dans un bain chaud
Et vous finissez emmêlés sans savoir
À qui ces cheveux cette bouche cette main ces seins
Et parfois tu t'habilles bien
Et ils t'enlèvent tout
Parfois, c'est de la dureté
De la douceur
C'est on empoigne
C'est on refuse
C'est embarrassant
Parfois, c'est « Tu es belle »

ou

«Putain, ton cul»
«Ta peau»
Et parfois, c'est si furieusement drôle
Que c'en est ridicule
Mais surtout ça prend plus longtemps
Tout est dans la préparation
Vous perdez le compte de qui commence
Qui est sur le dessus
Qui reçoit plus
Qui est à l'intérieur de qui.

Qui deviendrons-nous sans contact physique ?

Kingston, New York, 2020

En 2020, en plein Covid et confinement, j'ai supervisé une série d'articles pour le Guardian *avec la poétesse Mahogany L. Browne, intitulée* Le Pouvoir du toucher.

J'ai peur de ce que je vais devenir sans contact physique. Les fissures commencent déjà à se voir. Une si grande part de ma vie, et de celle de tant de femmes, passe par le toucher. Nous touchons nos bébés, nous les tenons contre nos seins et nos ventres, nous lavons les corps de nos mères vieillissantes et coiffons et tressons les cheveux de nos filles. Nous massons et cajolons, nous apaisons et nous chatouillons. Nous savons exprimer la perte et le chagrin à travers nos larmes et nos corps secoués de tremblements, transformer notre rage en remède par la plus simple des caresses. Nous savons que le corps est plein de micro et macro-agressions. Nous savons lâcher prise dans le chagrin et nous contracter dans la rage. Et beaucoup d'entre nous avons perfectionné cette façon particulière de prendre dans nos bras qui abrite, qui soulage, qui confirme. L'embrassade est notre moyen de savoir que nous sommes présentes. De sentir l'existence, la signification, la valeur et la substance l'une de l'autre. De transmettre notre amour, notre empathie, notre attention.

Je suis convaincue que nombre de choses que nous faisons, nous les femmes – nombre de nos fameuses habitudes de beauté –, ont autant à voir avec le toucher qu'avec l'apparence. Je suis toujours impatiente de me faire laver les cheveux chez le coiffeur. Il y a une femme en particulier, que j'appellerai Nina. Ses mains sont délicieuses, assurées et bienveillantes, fermes et douces à égale mesure. Lorsqu'elle plante dans mon cuir chevelu ses longs doigts dansants, mêlés à l'eau chaude et mousseuse du shampoing, je suis en état de grâce. De même pour la femme qui me fait les ongles, sa petite main pétrit, ses doigts appuient profondément dans le stress de ma paume – il y a un contact de chair à chair, un échange énergétique. J'en ai besoin. Nous en avons besoin. En particulier celles d'entre nous qui vivons seules, qui ne vivons pas avec un partenaire ou un conjoint. En particulier celles d'entre nous qui courons le plus grand risque de périr du virus : les aînées. C'est le contact physique qui nous fait tenir.

Je pense aux coiffeuses, manucures, masseuses, infirmières, aidantes, nounous, professeures de yoga, acupunctrices, kinésithérapeutes. Qui toucheront-elles à nouveau, et quand ?

L'autre soir, la personne avec qui je vis, Celeste, un être magique, jouait quand, soudain iel s'est jeté·e sur moi de tout son poids. Son corps était parfaitement lourd et ça m'a fait un bien fou de sentir son poids humain sur moi, sa chair musclée qui m'écrasait. Ça n'avait absolument rien de sexuel et tout à voir avec la vie, le lien à autrui et la vitalité. Iel m'a aplatie bien comme il faut. L'empreinte a duré. Nous vivons une période désespérée.

Nous connaissons tous l'importance du toucher. Nous savons que les bébés qui sont exposés à des contacts physiques font preuve de capacités mentales accrues dans les six premiers mois de leur vie. Le contact physique développe le cerveau. Et nous savons que les personnes qui en sont gravement privées deviennent agressives et présentent des problèmes de comportement. Le toucher nous permet de nous intégrer à la communauté humaine.

Alors, nous voici au milieu de cette pandémie, sachant que notre toux peut éventuellement tuer, que notre corps pourrait être une arme mortelle. Comment trouver du sens là-dedans ? Comment vivre avec cette insupportable faim de la peau d'autrui ?

Une part de l'angoisse liée à cette crise, c'est que jusque dans la mort la possibilité de toucher le corps nous est refusée. L'après-midi, à partir de quatre heures, je sens la désintégration qui commence. Après une journée de voix désincarnées, de visages flous et figés, de nouvelles bruyantes. Après une journée de chiffres toujours plus grands pour les morts invisibles, les corps empilés dans des entrepôts jamais montrés, au fond d'immenses camions et de chambres froides. Après une journée de vues aériennes de fosses communes, de cercueils en bois empilés comme autant de boîtes de douleur invisible. Après une journée passée à vouloir traverser l'écran, le vide, l'isolement, pour sentir un cœur qui bat, prendre quelqu'un par la main, caler ma respiration sur celle de quelqu'un d'autre, je me sens commencer à disparaître.

Aujourd'hui le corps ne peut pas exister et il n'existe pas. Ni dans la vie ni dans la mort. Des milliers de personnes disparaissent sans fanfare ni reconnaissance de leur départ, sans famille ni rituel.

Je veux faire de chaque corps une personne, rendre chaque personne réelle. Je veux connaître son histoire, savoir qui il ou elle a aimé, quelle était sa plus grande fierté, où il ou elle a découvert la beauté pour la première fois et sur quel horizon s'ouvrait sa fenêtre. Mais la mort avance si vite. Vous allez à l'hôpital. Vous y déposez vos êtres chers. Vous n'y retournez pas. Pas de contact physique, pas d'amorce du deuil, pas de corps. Personne. Rien. Ne vit plus ici.

Je pense à Claude Rains dans *L'Homme invisible*, quand il défait les bandages qui entourent sa tête, révélant qu'il n'y a absolument rien en dessous. Rien. Pas de chair, pas de visage. Personne. Rien. J'avais dix ans quand j'ai vu ce film pour la première fois. Je me souviens d'avoir vomi et d'être restée réveillée toute la nuit, terrorisée, et d'avoir eu peur du noir à partir de ce jour-là. Mais ce n'était pas le noir dont j'avais peur, c'était la désintégration du corps, devenir vide de sens, devenir rien.

J'ai découvert tôt que la meilleure parade à cette dissolution horrifiante était le toucher – embrasser, avoir énormément de contacts physiques, ce qu'on appelle également le sexe. Je rattrapais le monde avec mes mains, mon corps, ma bouche et ma peau. Jeune femme, je ressentais le besoin d'appuyer ma chair contre presque tout et tout le monde. Bien sûr, les misogynes y voyaient des mœurs légères, de la débauche. Ils me traitaient de traînée. Mais ma crise était existentielle. J'avais besoin de toucher et d'être touchée.

J'avais besoin de relations physiques. Ça me sauvait d'une solitude insupportable. Ça me permettait de sentir mon impact sur le monde. Ça me donnait du plaisir et un pouvoir d'action. Ça me disait que j'existais, que j'étais là. Ça me permettait de satisfaire mon désir et de guérir les blessures physiques les plus profondes. Ça m'apprenait que la confiance était peut-être possible et cela me donnait d'indéniables moments de réconfort.

Une amie m'a raconté qu'un capital-risqueur lui avait dit récemment qu'il voyait l'avenir « sans contact ». Je redoute que ce soit ce dont rêvent les technocrates, les gens de l'intelligence artificielle et les fascistes : un avenir « sans contact ». Le corps a toujours été cette chose bassement humaine qui fiche la pagaille – désir désordonné, rage, passion et sexe. Je viens du pays des années soixante. Ma conscience y a été façonnée dans ce fleuve extatique de sexe, drogue et rock and roll. J'y ai appris que le corps était le lieu de la révolution et du changement. Alors, ici, maintenant, avec nos corps enfermés derrière des masques et des gants, des écrans et des filtres, où le centre de notre révolution se trouvera-t-il ?

J'allume une bougie tous les soirs pour celles et ceux qui ont quitté le monde ce jour-là. J'imagine leurs visages. Je parviens parfois à trouver leurs noms. Je touche la bougie et sens la chaleur de la flamme sur mon corps. J'essaie de leur donner de la réalité. Je m'autorise à pleurer leur mort.

Mon acte de résistance est simple. J'aurai un respect et une crainte raisonnables du virus. Je maintiens la distanciation physique pour le moment. Mais je n'aurai pas peur de ton corps.

Je n'étoufferai pas mon envie de te toucher. Je la laisserai me guider. Je fantasmerai dessus. J'écrirai dessus. Je la dessinerai. Je me souviendrai de nous deux enlacés en janvier, dansant comme des fous à la manif de juillet dernier. Je sentirai la peau douce de ta main si précieuse dans la mienne. Je te prendrai dans mes bras quand tu pleureras et je sentirai avec tendresse mon chemisier se mouiller sous tes larmes. J'aurai le feu de la rage au ventre et la peine impossible dans la gorge. Et avec le temps j'apprendrai à faire de cette faim que j'ai de ton corps, de ta peau brûlante, un outil pour fabriquer ce nouveau monde ô combien nécessaire.

VIII

PRENDRE ACTE

Prendre acte est l'antidote au fascisme.

Qu'il soit notre rassembleur

Kingston, New York, 2016

Écrit pour le Guardian *neuf mois avant que Donald Trump devienne président des États-Unis.*

Donald Trump n'est pas un leader ni un candidat à la présidence. C'est un produit, une manifestation virale d'une maladie maligne grave. C'est le miroir de notre vide, dans notre pays qui depuis très longtemps déjà se vide.

Il est le produit d'un bipartisme qui n'a cessé depuis des générations d'ignorer les besoins et les souhaits de la majorité des Américains.

Il est le produit de la culture de la célébrité, où l'on vénère pour leur réussite clinquante ceux qui ont tout, et dans le monde des célébrités ce clinquant fait office de principes, de contenu et de valeurs morales.

Il est la personnalité l'emportant sur le programme, le symbole l'emportant sur le contenu, l'inconsistance l'emportant sur l'acuité d'esprit.

Il est le produit du pouvoir qu'ont les riches de tout acheter, y compris notre démocratie.

Il est le produit de siècles d'un racisme sous-jacent, jamais pris en compte, massivement nié, qui se répand en métastases.

Il est la haine envers les pauvres et ceux qui sont dans le besoin, le dénigrement des migrants et de ceux qui cherchent à échapper aux ravages de l'impérialisme et des guerres des États-Unis.

Il est le produit d'un exceptionnalisme insidieux : la conviction fondamentale que la vie des Américains a plus de prix et de valeur que celle de tous les autres, ceux que nous stigmatisons, bombardons, torturons, contrôlons, envahissons, ceux dont nous saccageons l'économie, dévorons les ressources et volons l'avenir.

Il est le produit de la peur qui se déguise en intimidation.

Il est la manifestation du patriarcat et de la conviction perpétuellement inculquée que seul un père nous sauvera, alors que les hommes – ce sont majoritairement des hommes – qui déterminent la réalité pour ce pays et la planète nous ont menés au bord du gouffre.

Il est le produit du fantasme high-tech, de la déconnection virtuelle et de la téléréalité.

Il est la preuve de la duplicité des médias contrôlés par le secteur privé, qui revendiquent leur « neutralité » alors même qu'ils tirent leurs bénéfices de leur soutien à des racistes, des tyrans, des fascistes, des semeurs de haine et à ceux qui chercheraient à détruire le pays.

Il est le produit d'une culture incroyablement violente, de moins en moins bienveillante, qui par sa brutalité croissante normalise la cruauté et industrialise la punition, qui déclare une guerre sans fin à ses propres citoyens.

Il est la cristallisation d'un gouvernement qui consacre une part immense de son budget à construire une armée impériale au lieu de nourrir son peuple et de lui donner accès à l'éducation, qui cause des ravages dans le monde au lieu de combattre le changement climatique, qui encourage le pillage de la Terre plutôt que la fin des violences contre ses habitants, qui oblige ses travailleurs à faire du maintien de l'ordre au niveau mondial au lieu de leur offrir des emplois qui aient du sens.

Il est le produit d'un pays qui compte le plus de citoyens armés au monde, où la moyenne de quatre-vingt-neuf armes à feu pour cent personnes entraîne un nombre annuel de morts infligées par des concitoyens supérieur à celui de la totalité des victimes jamais tuées par des terroristes internationaux.

Il est le produit d'un pays où la police persiste à assassiner des personnes noires sans qu'il y ait de répercussions ou si peu, et où des millions d'entre elles vivent en incarcération perpétuelle.

Il est le produit d'hommes politiques extrémistes, corrompus et soucieux de leurs seuls intérêts, qui font fi de la Constitution et sont bien déterminés à faire barrage à toute législation sensée.

Il est le fruit d'une mentalité insidieuse et égoïste dont le credo est d'obtenir ce qu'on veut, de gagner de l'argent quoi qu'il en coûte en n'accordant aucune espèce d'importance à notre comportement, aux vies que nous blessons ou détruisons, ni aux terres que nous éventrons.

Il est la représentation holographique de l'échec d'un pays, de notre déni et notre refus d'agir et nous mobiliser l'un pour l'autre et d'assumer la responsabilité de ce que notre gouvernement, nos entreprises et notre armée font au reste du monde.

Il est un symptôme de ce qui se passe quand la conscience collective s'est divisée et subdivisée tant de fois au sein de cette névrose néolibérale que nous ne savons plus forger des alliances, former des coalitions, nous couvrir ou nous soutenir les uns les autres par gros temps.

Il est le produit d'un pays dont le déni est aussi fort que l'amnésie. Nous en venons à honorer et idolâtrer des criminels de guerre, des racistes, des sexistes et des entreprises qui ont détruit la vie de millions de personnes.

Il est le produit de ces longues années où on nous a appris à nous débrouiller seuls, chacun pour soi, à nous battre pour notre part, à passer par-dessus ceux qui sont, nous dit-on, plus lents ou plus faibles, mais qui pourraient bien être en réalité plus profonds, plus moraux et plus réfléchis.

Il est le produit d'un monde divisé entre gagnants et perdants.

Il est le produit de la lassitude, des privilèges, du désenchantement, de la perte d'espoir et de l'exclusion.

Il est le produit du cynisme et d'une conviction qui nous est imposée selon quoi nous ne pourrions pas faire grand-chose, en fait, pour vaincre ce système néo-impérialiste, raciste, sexiste, homophobe, ennemi de la Terre et transphobe qu'est notre économie de marché néolibérale.

L'heure des États-Unis est arrivée. C'est notre moment de vérité, notre retour de karma. Ça va bien au-delà de savoir pour qui nous allons voter aux élections qui approchent.

La question qui se pose, c'est qui sommes-nous. Qu'est-ce que les États-Unis ? Quel genre de pays voulons-nous qu'il soit ? Quelles valeurs et quels principes avons-nous et défendons-nous ?

Que ferons-nous et jusqu'où irons-nous, quelle imagination collective déploierons-nous, quel puissant amour rassemblerons-nous pour nous assurer de mettre fin à cette violence, cette haine, cette destruction de notre Terre Mère, ces inégalités de richesse grotesques, cette course folle et féroce vers notre fin ?

Voici ce que Donald Trump n'est pas :

Il n'est pas nous.

Il n'est pas nous tous.

Il n'est pas le meilleur d'entre nous.

Il n'est pas inévitable.

Prenons Trump au mot. Qu'il soit notre rassembleur.

Garde-nous de la faim

Paris, 1995

Peut-être parce que ça l'a surprise sans du tout la surprendre, en réalité. Elle a dit : « Agression, agression *sexuelle*, impossible. » Ses premières paroles, comme si elle avait reçu un coup de poing dans le ventre. « Je sais qu'il était violent avec toi, Eve, mais il n'aurait jamais fait ça. » Quelque chose est monté en moi, alors, une voix, une force. « Maman, ai-je dit, si, quand j'aurai fini, si, quand tu entendras ce que je suis venue te dire, si à ce moment-là tu décides de ne pas me croire, ce sera ton choix. Je n'ai aucun contrôle là-dessus. Mais je ne suis pas venue pour ça. Je suis venue parce que c'est ce qui m'est arrivé, parce que ça a démoli ma vie et que ça fait presque quarante ans que je m'efforce d'en guérir. Il faut que tu saches ce qui s'est passé. Parce que maintenant il y a un mensonge entre nous et ce mensonge nous empêche de nous aimer. »

Elle s'est tue. Elle avait les yeux exorbités. Sa peau était brunie et tachée par le soleil. Peut-être parce qu'elle ne pouvait pas nier les signes qui étaient là tout au long de mon enfance : les cystites à répétion, les cauchemars graves et récurrents et les terreurs nocturnes depuis mes cinq ans, les crises d'hystérie, l'alcoolisme plus tard, ainsi que les crises d'angoisse, la promiscuité sexuelle, les cheveux sales. J'avais toujours les cheveux d'une saleté déprimante. Peut-être de m'entendre raconter qu'il venait la nuit, que j'étais l'objet qui le satisfaisait, de m'entendre décrire ma peur de parler, ma peur de dire, parce que je l'aimais et que je savais qu'il agissait mal, parce que ça m'excitait d'être aussi spéciale, parce que j'étais sûre que ma mère me détestait parce que j'avais été obligée de la trahir et parce que je la détestais parce qu'elle ne m'avait jamais protégée et parce qu'il l'aimait, elle, tandis que moi, il m'abandonnait. Peut-être parce que je n'arrivais jamais à me lever le matin, la terreur, le dégoût, la haine de mon corps, mes petites parties intimes souillées au-delà du réparable.

Peut-être parce que j'avais pris l'avion pour la Floride après être restée des années sans la voir, qu'une violente tempête avait inondé les routes et que nous étions assises sur son canapé aux coussins d'Orient, et dehors l'océan déchaîné ne faisait que se rapprocher. « Il t'a pénétrée… Est-ce qu'il t'a pénétrée ? » Soudain la question la plus importante. Peut-être parce qu'elle savait qu'il pouvait me battre violemment, qu'il pouvait aussi m'envahir, que c'était au bout du compte une question de pouvoir et de contrôle. Peut-être parce que je pleurais malgré mes plans méticuleux, que les larmes jaillissaient de mon visage comme des éclats d'obus. Cette histoire que je racontais m'avait complètement avilie et anéantie. Cela faisait trente-neuf ans que je la démêlais, que j'y survivais et que je m'y cherchais, et maintenant je la lui racontais, à elle. Peut-être parce que j'étais toujours divisée entre deux mondes – l'enfant de la nuit et l'enfant du jour, le soleil et le secret, la mère et le père. Peut-être parce que ces mondes venaient de se réunir pour la première fois, ici dans le salon de ma mère. Consolidation osseuse. Grande cicatrisation humaine. Peut-être parce que, alors qu'elle m'écoutait en pleurant, me croyant, j'avais une mère pour la première fois.

Le déni de ma mère mit du temps à céder, mais quand il le fit, elle s'effondra. Elle assuma les choses pas à pas. Elle reconnut qu'elle n'avait jamais été une mère pour moi, qu'elle avait permis les sévices, y avait assisté, y avait participé. Elle dit qu'elle ne savait pas, pour l'inceste, mais reconnut que tous les signes étaient là. Elle pleura de culpabilité. Elle pleura sur ma souffrance et elle pleura sur la sienne – sur toutes ces années qu'elle avait vécues aux côtés d'un homme qui la terrorisait, la contrôlait et lui faisait fermer les yeux sur la maltraitance de ses enfants. Elle posa des questions sur l'inceste, des questions précises. Elle demanda ce qu'elle pouvait faire pour m'aider à guérir, pour essayer d'être une mère pour moi, de m'aimer maintenant comme elle ne m'avait pas aimée alors.

Ce fut le début. Elle commença une thérapie. Elle me rendit visite. Elle me demanda de lui dire des choses, de parler de ma colère contre elle, de la tenir au courant. Elle lut des livres sur l'inceste. Elle dit à ses amis, à son frère, à mon frère et ma sœur, ce que mon père m'avait fait. Aucun d'eux ne fut surpris. Elle téléphonait avec des souvenirs et des confirmations. Elle confessait une culpabilité de plus en plus profonde.

Il y a deux jours, elle m'a appelée pour me dire qu'elle essayait de comprendre comment elle avait pu laisser mon père abuser de moi comme il l'avait fait. Elle s'était rendu compte qu'elle avait une peur panique de perdre son confort économique. Elle était mère de trois enfants et n'avait pas de compétences particulières. Elle ne supportait pas l'idée d'être pauvre de nouveau. Pauvre avec trois gamins. Alors elle m'avait sacrifiée. Ce sont ses mots. Tu étais mon sacrifice.

Au centre d'une immense dalle de béton, entourée d'une mare d'eau noir d'encre, est allongée une enfant nue, un peu ensanglantée, un peu contusionnée, presque sans vie. Garde-nous du danger, ô Seigneur. Garde-nous de la faim. Donne-nous le confort. Nous T'offrons son corps.

L'art de demander pardon

2021

Écrit pour un sermon prononcé à la Middle Church, à New York, sur l'invitation de la révérende Dre Jacqueline Lewis.

Je viens à vous à plusieurs titres. Je viens à vous en tant que femme qui s'est parfois sentie perdue, angoissée et désespérée, et en femme qui a été comblée, qui a connu le bonheur et l'amour les plus profonds. Je viens en tant que femme qui me suis ouverte à tous les genres, et en femme terrifiée par l'intimité. Je viens en artiste sauvée par l'acte de création, et je viens en activiste qui donne ce dont j'avais le plus besoin. Je viens en tant qu'amie, mère, sœur, fille et rebelle. Je viens en tant que personne blanche dont l'héritage ancestral porte la responsabilité d'avoir assassiné, volé, pillé, violé et chassé les autochtones qui vivaient ici, et aussi la responsabilité de quatre cents ans d'esclavage, de lynchage, de meurtre et de viol des Noirs. Je viens d'ancêtres juifs gommés par le génocide. Je viens des opprimés et des oppresseurs. De l'assassin et de l'assassiné. Ces histoires me font honte et catalysent mon énergie au quotidien. Je viens avec un espoir fou et je viens avec indignation. Je viens avec du chagrin. Je viens avec de la magie. Je viens avec en moi une douleur si vaste que mes larmes empliraient les océans. Je viens en sachant que chacun de nous est divin et je viens en sachant que nous sommes follement imparfaits. Je viens en tant qu'être humain qui cherche et je viens en madame Je-sais-tout. Je viens en tant que personne blanche de la classe moyenne qui a eu tous les privilèges économiques et raciaux, et je viens en tant que petite fille démolie dès l'âge de cinq ans par les violences sexuelles infligées par ce même père à privilèges, puis par sa violence meurtrière qui m'a ravagée jusqu'à ce que je quitte la maison à dix-huit ans. Je viens à vous le cœur brisé par la violence et la haine dans le monde, et je viens à vous en tant que femme qui sera toujours émue par la générosité et la bonté de la multitude. Je viens à vous en tant que personne qui s'interroge profondément sur la possibilité d'un avenir sur terre pour nous les humains, et je viens en tant que femme qui se battra jusqu'au bout pour que nous en ayons un. Je viens à vous en réaliste et je viens à vous en personne qui croit aux miracles. Je viens à vous en tant que femme qui vit dans les bois, vénère les arbres et se met au service de la Mère, et je viens à vous en citadine qui cherche un chemin pour rentrer à la maison. Je viens vous parler de l'alchimie de la demande de pardon.

Quelques règles de base. Ceci est une proposition, pas une prescription, pas une obligation, pas la seule façon. C'est une proposition, point. À chaque survivante ou survivant, à chaque personne, son voyage, son processus, le moment qui lui convient ; ce qui marche pour l'un peut ne pas marcher pour l'autre, et ce qui marche à une période de votre vie peut ne pas marcher à une autre. Je partage juste mon expérience personnelle avec vous, car c'est la seule chose en laquelle j'ai véritablement confiance. Il se peut que certaines des choses que j'évoque soient difficiles ou dures à entendre.

Comme je vous le disais, les premières années de ma vie ont été brutales et pleines de terreur et de douleur. Mon père a abusé de moi sexuellement de mes cinq ans à mes dix ans, et quand il a arrêté, il a eu besoin d'oblitérer ce qu'il avait déjà détruit, alors il m'a maltraitée physiquement et émotionnellement, au point presque de m'assassiner, jusqu'à ce que je parte de la maison à dix-huit ans.

Cette maltraitance a transformé la constitution tout entière de mon être. Elle a empli mes cellules, mon sang et mon corps de terreur, d'inquiétude, de culpabilité et de crainte – qui allaient, à partir de mon adolescence et jusqu'à ma soixantaine, se muer en une haine de moi-même et une angoisse omniprésentes. Cette maltraitance a provoqué des infections dans mon corps et gravement compromis mon système immunitaire. Dans ma cinquantaine, j'allais souffrir d'un cancer de l'utérus de stade 3 à 4. (Je suis parfaitement rétablie depuis treize ans, ce qui tient du miracle.) La maltraitance m'a paralysée et elle m'a rendu la concentration et la réflexion presque impossibles. Ce qui a eu un impact terrible sur ma capacité à étudier et apprendre. Ça a confirmé mon père dans l'idée que j'étais bête. Cette maltraitance m'a rendu l'intimité étouffante et l'amour étranger, elle a réduit la sécurité à une chimère et n'a cessé de me pousser vers des personnes et des situations dangereuses, en une tentative pour maîtriser mon passé et ma peur. Cette maltraitance m'a menée à des dépendances : à l'alcool, à la drogue et au sexe.

Je ne vous raconte pas tout ça pour susciter votre pitié ou votre peine. Je vous le raconte parce que quand on parle des violences faites aux femmes, c'est tellement abstrait, tellement général, qu'on ne se rend pas compte des façons spécifiques, concrètes, dont elles affectent nos vies, ni du nombre d'années, du temps qu'il faut, pour renaître de ses cendres. J'ai eu la chance quand j'étais toute jeune de pouvoir travailler comme serveuse et gagner assez d'argent pour survivre. J'ai été doublement chanceuse, car par la suite mon parcours d'écrivaine m'a permis financièrement d'accéder aux ressources – la thérapie, notamment – qui m'ont aidée à soulever le couvercle de cette période très sombre de ma vie. Je sais que cela n'est pas donné à d'autres et je sais que si nous vivions dans le monde dont je rêve, nous prendrions au moins 70 % de l'argent que nous dépensons en bombes, missiles, grenades, armes à feu, à faire la guerre et à tuer, et nous les réaffecterions à un fonds national contre le traumatisme pour que tous ceux et celles qui souffrent d'une forme de traumatisme, qu'il s'agisse de violence physique ou sexuelle, de violence ancestrale, de violence validiste, raciale ou de genre, puissent recevoir les moyens, les ressources, l'amour et l'attention nécessaires à leur guérison. Vous imaginez les résultats d'un pays qui traiterait les traumatismes de ses citoyens et citoyennes au lieu de les punir d'être blessés ou pauvres ou mentalement malades, sans logement, fauchés, défavorisés, en colère ou violents ?

Comme je vous le disais, j'ai passé ma vie à m'extirper de ce trou de terreur et de trahison, à chercher un chemin qui me ramène à l'intérieur de mon corps. Mon père est mort il y a trente et un ans et, pendant toutes les années qui ont précédé et suivi son décès, j'ai attendu qu'il reconnaisse ce qu'il avait fait, qu'il en réponde, qu'il m'en demande pardon.

Alors, j'ai décidé d'écrire sa demande de pardon avec sa voix et ses mots, d'écrire une lettre où il dirait toutes les choses que j'avais besoin d'entendre.

La demande de pardon demandait du temps. Elle ne pouvait pas se faire à la hâte. Mon père, mon père imaginaire, celui qui vivait à l'intérieur de moi, devait passer des journées à revivre son crime, à en rejouer mentalement les détails, à essayer d'en ressentir les effets à l'intérieur de sa fille dont il abusait. Il devait se dépouiller de la dureté qui lui interdisait l'empathie – l'indifférence qui rejetait la responsabilité, qui rejetait l'idée même de demander pardon.

Je lui ai demandé de se souvenir de mes pleurs et de mes supplications, de regarder en arrière et voir à quoi ressemblait mon visage quand il m'humiliait, m'insultait, m'empoignait, me battait ou me violait. Je lui ai demandé de méditer et d'essayer de ressentir et vivre ce qui se passait dans mon corps quand j'étais en proie à la terreur, à la rage, au sentiment d'oppression, à la trahison et au plus poignant des chagrins. Il fallait que ce soit rigoureux. La libération de l'agresseur comme celle de la victime passe par les détails.

J'ai demandé à beaucoup de femmes à quoi ressemblerait la justice quand elles ont subi des abus sexuels, des coups, un inceste ou du harcèlement. Certaines femmes réclament une punition, de la prison pour leurs agresseurs, une exposition médiatique, la perte de leur emploi, la fin de leur carrière. Certaines femmes veulent juste que leur agresseur disparaisse à tout jamais. Mais les femmes que j'ai consultées sont nombreuses à dire que pour guérir, pour pouvoir avancer, ce qu'elles veulent et dont elles ont besoin, c'est que leur agresseur reconnaisse la vérité de ce qu'il a fait. Elles veulent que leur agresseur les reconnaisse comme des êtres humains à part entière, réels – qu'il reconnaisse le tort qu'il leur a fait et en éprouve du remords et une vive douleur. Elles ont besoin de voir que leur agresseur assume la responsabilité de ses actes et qu'il a accompli un travail en profondeur pour comprendre ce qui lui avait fait commettre ces violences. Elles ont besoin de savoir que sa prise de conscience est suffisamment profonde pour l'empêcher de jamais commettre d'autres violences.

Demander pardon, c'est quoi ? C'est faire preuve d'humilité. C'est perdre en grandiose et en supériorité. C'est admettre ses fautes. C'est une reddition. C'est une mise à égalité. C'est établir une vraie relation.

Une demande de pardon est un antidote à l'oubli insupportable, et bien commode, qui tient nos familles et notre pays. Les demandes de pardon font éclater les mensonges, le déni, les mythes et les illusions qui perpétuent l'histoire violente. Demander pardon est un acte de mémoire, une reconnaissance publique que ce qui s'est passé est bel et bien arrivé.

Les puissants ont été formés à ne jamais demander pardon. Ils se présentent comme les victimes. C'est ce que faisait mon père. Alors même qu'il me fouettait et me jetait contre les murs, c'était lui la victime, et il me rappelait toujours qu'il souffrait plus que moi et que c'était à cause de moi qu'il était obligé de se comporter de cette façon. C'était moi qui le poussais à agir comme il le faisait. Il n'avait pas le choix.

Certains accusés ont perdu leur emploi, leur carrière, leur réputation. Certains sont allés en prison. Mais même lorsqu'ils font la démarche de raconter ce qu'ils ont appris depuis leur mise en accusation, ils ne disent pas les mots, ne reconnaissent pas la spécificité de leurs crimes. Ils ne cherchent pas à remonter à l'origine de leurs propres histoires ou des distorsions qui se sont produites dans leur psychisme, ce qui serait déjà tenter de comprendre la brutalité dont ils ont fait preuve. Ils n'examinent pas le système du patriarcat et du privilège qui les a autorisés, encouragés et couverts par rapport à cette violence. Ils ne terrassent pas leurs démons et n'exposent pas leur propre vulnérabilité. Par contre, quand on les interpelle, ils parlent de leur douleur, de leur perte et de leur malheur en s'apitoyant sur leur sort.

Je n'ai jamais lu de témoignage d'homme accusé d'abus sexuels qui ait couvert les étapes rigoureuses de la révélation de soi, accompli le périlleux travail qui consiste à assumer ses actes et fouiller dans son histoire pour y trouver les graines et les raisons de son crime, en regardant sa violence en face, en disant les mots. En demandant pardon. Et je ne sais pas si c'est par simple ignorance, par incapacité, honte, sentiment de son bon droit, refus ou ignorance, si les hommes sont juste incapables de regarder tant de douleur en face, ou encore si c'est parce qu'ils ont été formés à s'accrocher à leur fierté et à leur pouvoir jusqu'au bout. Dans le livre, mon père dit que, pour un homme, demander pardon c'est trahir les hommes. Une fois qu'un homme admet avoir eu tort, l'histoire entière commence à s'effondrer.

Nous sommes si nombreuses à attendre. Je pense aux courageuses Anita Hill et Christine Blasey Ford. Je pense aux femmes de réconfort coréennes kidnappées et violées par les soldats japonais pendant la Seconde Guerre mondiale, qui tous les mercredis depuis trente ans tiennent une manifestation silencieuse et attendent, attendent qu'on leur demande pardon. La plupart d'entre elles sont mortes, à présent, et celles qui restent sont âgées et leur santé défaillante. Elles n'ont jamais entendu les mots et ne connaîtront pas le repos.

Nous avons consacré nos vies à attendre que cette vérité soit mise au jour parce qu'elle vit au cœur de tout ce que nous sommes et ne sommes pas. C'est le feu rouge de nos systèmes nerveux. Sans reconnaissance des faits, nous ne pouvons pas avancer. Car un mensonge qui persiste, c'est une tache indiscutable qui contrôle et définit. Ce mensonge est comme une cellule cancéreuse qui apparaît puis se propage dans tout l'organisme.

Et même quand nous avons l'air d'avancer, quand nous bougeons nos corps, quand nous allons travailler et nourrissons nos enfants, nous ne pouvons jamais être entières, guéries. Parce que sans justice il n'y a pas de liberté et l'intégrité de la personne est détruite ; on ne vit pas pleinement.

C'est le système qui doit changer, les croyances fondamentales, les valeurs, l'idée centrale. La question étant : comment aborder le patriarcat, paradigme qui sous-tend toute cette violence ? Nous devons nous glisser sous l'histoire pour la déraciner, au lieu de continuer à la prendre bille en tête. Nous devons offrir une porte ouverte plutôt qu'une cellule fermée à clé. Nous devons passer de l'humiliation à la révélation de soi, ne plus nous limiter à restreindre un comportement mais le changer, ne plus nous limiter à réprimer les agresseurs mais les appeler à une prise de conscience et de responsabilité.

Et la vérité, c'est que le système patriarcal est aussi toxique pour les gagnants que pour les perdants. Aussi destructeur pour les hommes qui sont coupés de leur cœur et de leur tendresse que pour les femmes qui subissent la violence terrible qui résulte de cette coupure. Les femmes passent leurs vies à guérir de la violence sexuelle et les hommes passent la leur à couvrir cette violence, et ces deux comportements vident et volent nos années. La guérison véritable libère la victime et l'agresseur en même temps, parce qu'ils sont tous les deux prisonniers pour toujours de la même histoire. La punition à elle seule ne peut pas offrir cette guérison.

Beaucoup d'hommes, aujourd'hui, ont peur et sont un peu perdus. Ils ne savent pas comment se comporter. Et bien sûr c'est une bonne chose d'avoir cette conscience nouvelle. Mais être sur ses gardes ne signifie pas nécessairement avoir conscience des problèmes, ça ne garantit pas que vous y soyez éduqués, que vous endossiez votre responsabilité ou plongiez en profondeur en vous-même pour voir en quoi vous êtes sexiste ou blâmable, si vous avez commis par le passé des actions qui ont pu blesser, et dans quels cas vous avez besoin de réparer. Être sur ses gardes, ça veut dire veiller à ne pas merder, ou ne pas se faire prendre. C'est une réaction à la punition. Vous avez peur, vous êtes en attente, suspendus. Ce n'est pas un état d'esprit dans lequel vous êtes ouverts et vulnérables, ni où vous pouvez apprendre ou changer.

En revanche, je crois que ce processus plus profond peut s'enraciner dans la demande de pardon. Car demander pardon, c'est entreprendre des fouilles, ça exige que l'agresseur creuse sous la surface, qu'il soit disposé à extraire les strates de vérité et de culpabilité cachées sous chaque nouvelle révélation. La demande de pardon est à la fois une méthode et une pratique. L'acte en lui-même contient une possibilité de transformation, de libération. Lorsqu'elle est présentée, lorsqu'elle est reçue, la demande de pardon authentique crée une réaction alchimique, une dissolution physique, spirituelle et psychologique du crime et de la rancune, de l'amertume, de la vengeance et de la haine. C'est le propre du pardon. Comme le dit Emma Goldman : « Avant de pouvoir nous pardonner l'un l'autre, nous avons besoin de nous comprendre l'un l'autre. »

Nous devons enseigner la demande de pardon de la même façon que nous enseignons la prière, car c'est une pratique, et comme toute pratique il faut l'exercer pour l'apprendre. Elle requiert l'engagement et la concentration de la prière. Elle requiert sa vulnérabilité et son humilité. Nous tous, les humains, nous avons des défauts et sommes imparfaits, pleins d'espoir que nous sommes dans notre effort pour élever nos âmes et développer notre humanité. Je crois que la demande de pardon est le remède, le baume qui purifie ; elle nous fortifie et nous permet d'avancer. Mais elle doit être enseignée. Elle doit être pratiquée.

Il y a quatre étapes essentielles dans une demande de pardon :

Un : sonder votre histoire et regarder ce qui vous a mené à agir comme vous l'avez fait. Ce qui a contribué à faire de vous le type de personne, homme, personne blanche, personne valide ou colon, qui a été capable d'infliger un tel préjudice. Découvrir l'origine, l'historique de notre action, est capital pour garantir qu'elle ne se reproduira pas.

Deux : admettre ce que vous avez fait dans les détails. Il ne sera pas efficace de le faire à grands traits, à savoir : Je suis désolé·e si je t'ai fait du mal. Je suis désolé·e si je t'ai blessé·e. La liberté est dans les détails aussi bien pour la personne qui demande pardon que pour celle à qui s'adresse la demande. Je regrette de t'avoir jeté·e dans l'escalier. Je regrette d'avoir déchiré tes vêtements et de ne pas avoir écouté ta voix qui me hurlait d'arrêter. Plus la demande de pardon sera détaillée, plus la liberté qui s'ensuivra sera grande.

Trois : ressentir et comprendre l'impact de votre préjudice sur votre victime. Ça nécessite de l'empathie, la capacité à se hisser à l'intérieur de l'être et des sentiments de la personne envers qui vous avez fait preuve de méchanceté ou de cruauté.

Quatre : prenant pleinement la responsabilité de ce que vous avez fait, demander pardon.

Toutes ces étapes indiquent qu'il vous serait impossible de refaire une chose pareille.

J'entends souvent des gens dire à des survivantes ou survivants qu'elles ou ils « ont besoin de pardonner à leurs agresseurs et de passer à autre chose». Je m'inquiète de notre façon d'utiliser le pardon et de faire, étrangement, l'impasse sur l'élément capital que constituent la reconnaissance des faits et la prise de responsabilité, préalable indispensable à toute forme de pardon véritable. Dans de nombreuses religions il y a la confession, il y a une admission des torts qui génère le pardon. Il n'incombe pas à la victime de pardonner. Cette quasi-injonction, qui fait l'économie du discours et du geste de la demande de pardon, risque de mener à un acte creux et artificiel, un pardon qui ne libère pas véritablement la victime ni l'agresseur de la culpabilité et de la colère.

Écrire *Pardon* a été une des choses les plus douloureuses, difficiles et libératoires que j'aie faites de ma vie. J'ai dû entrer dans la blessure. J'ai dû, comme le décrit brillamment Cornel West, «porter un regard ferme, créatif et courageux sur la catastrophe». J'ai dû me refaire, moi et mon idée de moi-même, et briser l'étau de l'identité qui avait toujours été la mienne en tant que victime de l'agresseur en mon père. J'ai dû peindre mon père avec des couleurs plus diverses et plus entremêlées. J'ai dû entrer dans sa douleur, dans son histoire, et j'ai dû pleurer pour lui. J'ai découvert que mon père, mon agresseur, faisait partie de moi, qu'à certains égards je le connaissais mieux que je ne me connaissais moi-même et que toute ma vie j'avais été en dialogue intérieur avec lui, consciemment ou non. Et je me suis rendu compte avec stupeur que je pouvais changer qui il était à l'intérieur de moi, ainsi que sa façon de se comporter. Il a reconnu ses actes terribles, il a ressenti ma douleur, il a témoigné de la conscience et des remords. Il a endossé sa responsabilité et demandé pardon. Il est passé d'agresseur auteur de sévices et monstre à être humain vulnérable et en souffrance. Et, pour la première fois, je me suis sentie réellement libre.

Je me rends compte que même le désir de demander pardon est déjà terriblement ambitieux. Car demander pardon signifie au bas mot une refonte de sa conscience humaine. Ça signifie devenir vulnérable et perdu, et ça peut entraîner un changement radical d'identité et de position. En revanche, ça peut également signifier s'impliquer dans un processus capable de nous amener à une époque où la tyrannie de la misogynie, qui a privé les hommes de leur cœur, de leur tendresse et de leur humanité, serait transformée : une période d'égalité, de paix et de relations aimantes entre les gens.

Notre imagination est notre arme la plus puissante. Nous pouvons invoquer les morts. Nous pouvons réécrire leurs histoires. Nous pouvons les amener à nous voir comme ils ne nous ont jamais vu·e·s. Nous pouvons les amener à se voir et se révéler à eux-mêmes, et nous pouvons transformer le récit sous-jacent qui nous retient dans un cycle de violence, punition, et violence répétée.

Je me demande souvent ce que je fais sur cette terre. Ma réponse est simple. Je suis ici pour me libérer. Me libérer de ma rancœur, me libérer de ma douleur, me libérer du racisme, me libérer du validisme, de la transphobie, de l'homophobie et, renversant l'héritage que je porte en ma qualité de personne blanche, devenir enfin libre des préjugés et de la malveillance, libre de la haine de moi-même, libre de mon désir de blesser, libre de vivre dans mon corps, libre de la jalousie, de l'ego, libre du sentiment de ne pas en faire suffisamment, libre du sentiment de ne pas en avoir suffisamment, libre de la comparaison, libre d'être authentiquement moi. Libre de servir ce qui est divin. Alors seulement je pourrai manifester ma véritable raison d'être, notre véritable raison d'être, qui est d'aimer. Et je ne parle pas d'un amour sentimental, tactile et câlin. Je parle d'un amour acharné, un amour né de l'alchimie entre la blessure, l'ombre et le feu chamanique d'une demande de pardon véritable et radieuse.

Trouver sa place

2016

J'ai pris conscience pour la première fois de mon profond manque d'attachement aux lieux quand j'étais à Rawalpindi, au Pakistan, pendant la guerre de Bosnie-Herzégovine. J'étais allée là-bas pour rencontrer et interviewer un groupe de Bosniaques accueillis dans un camp de réfugiés par le gouvernement pakistanais, qui offrait généreusement asile à des coreligionnaires musulmans. Les réfugiés venaient de petits villages de Bosnie qui avaient été assiégés par les forces serbes. Certains avaient perdu des membres de leur famille, d'autres avaient subi des viols. D'autres encore se remettaient de blessures violentes. Toutes et tous étaient traumatisés, déracinés et déboussolés. Au camp, les conditions de vie étaient difficiles et très rudimentaires : pas d'eau potable propre, une chaleur accablante, beaucoup de maladies. Presque personne ne parlait anglais. Les coutumes et même les pratiques religieuses du Pakistan étaient étrangères à ces musulmans d'Europe qui, jusqu'à la guerre, n'avaient jamais été profondément religieux et ne se percevaient guère comme des musulmans. Les Bosniaques étaient malades, déprimés et se sentaient seuls, mais tous partageaient un mal du pays quasiment viral.

Il y avait environ cinq cents personnes, dont beaucoup originaires de Donji Vakuf, ville de Bosnie centrale. Un des aînés avait décidé de faire quelque chose pour remédier à cette nostalgie désespérée. Il avait fabriqué une maquette de Donji Vakuf, avec des rues, une mosquée et des églises, des cafés, une mairie et une tour carrée au centre, ornée d'une horloge sur chaque face pour que les gens puissent voir l'heure d'où qu'ils viennent. C'était une réplique magnifique, qui trônait sur le sol de pierre. Les gens préparaient du café bosnien bien fort, attrapaient leurs cigarettes et s'asseyaient autour de la maquette pour bavarder, se plaindre, échanger des ragots comme s'ils étaient de retour dans leur ville chérie. Ça semblait les ramener à la vie. Ils pointaient du doigt différents endroits, sur la maquette, et ça éveillait en eux des souvenirs et des histoires qui remplissaient la matinée et l'après-midi.

Je fus étonnée de voir la profondeur de leur attachement à un lieu et la capacité d'une simple maquette du lieu en question à leur rendre leur bonne nature et leur bonheur.

Un jour on s'aperçut que la tour avait disparu de la maquette. Il y avait au camp une jeune femme qui souffrait d'épilepsie sévère. Il faisait très chaud au Pakistan et, chaque fois qu'elle s'exposait au soleil, ça lui déclenchait des crises à répétition, si bien qu'on l'avait reléguée à son lit, stores baissés, et cette situation l'avait fait sombrer dans la dépression. On finit par découvrir qu'elle avait emporté la tour et qu'elle dormait en la serrant contre sa poitrine comme un chiot. Ça lui apportait un profond réconfort, et son moral était considérablement remonté. Les autres membres de la communauté estimèrent qu'elle avait davantage besoin de la tour qu'eux.

Ça m'avait impressionnée et, pour être honnête, laissée perplexe. Je n'avais jamais rien connu de comparable à cet amour et cet attachement pour un lieu. Aucun lieu ne m'avait jamais manqué.

Jusqu'à ce moment-là de ma vie, le lieu était une chose que j'avais toujours fuie. Le lieu, c'était là où se passaient des choses terribles. Le lieu, c'était le château d'un fou où vous étiez prisonnière pour l'éternité, à sa merci, livrée chaque jour sans répit à sa cruauté. Le lieu, c'était l'angoisse et la terreur. Il contenait les cauchemars et les odeurs de la maltraitance. Rester immobile dans un même lieu lui permettait de vous trouver. Je ne voulais pas qu'il me trouve.

Je voulais bouger, être sans cesse en mouvement. Je voulais être le plus loin possible des banlieues meurtrières. Je voulais tourner le dos au normal, à la famille et à la maison. J'étais une nomade psychologique qui ne se posait jamais ni physiquement ni affectivement, qui ne restait jamais, n'était jamais vraiment disponible, frustrait les amants et partenaires qui sentaient qu'ils ne pouvaient jamais m'avoir même quand j'étais là, et en vérité ils avaient raison. Je dépeignais mon exil sous des couleurs romantiques, me racontant que c'était moi qui l'avais choisi, le nommant indépendance, liberté. C'était vrai jusqu'à un certain point, mais, en y regardant bien, ce qu'il y avait en dessous c'était la peur du lieu, la terreur à l'idée de m'installer, de me faire piéger. Au niveau le plus profond, ce n'était pas un vrai choix. La lutte ou la fuite. J'avais opté pour la fuite.

Dans le premier vrai appartement où j'ai vécu à New York, j'avais déplacé le lit au salon, car je détestais les chambres à coucher. Je détestais cette pièce nichée dans le noir où s'étaient produits la plupart des viols de mon enfance. Je détestais la salle à manger où commençaient la plupart des raclées et des agressions. Je n'ai jamais vu l'endroit où je vivais comme un lieu que j'habitais. Je le voyais comme une gare, un espace que je traversais, qui me gardait mes affaires en attendant mon retour après une fuite. C'est pour cela que la ville de New York était tellement attrayante. Certes, c'est un emplacement, mais pour moi, c'était un lieu de transit.

Qu'est-ce qui détermine un lieu ? La communauté, peut-être, la nature, un sentiment d'appartenance, l'engagement envers les gens qui vivent avec vous et sont là pour vous, un engagement à être un bon gardien de la terre qui vous soutient. Je pense à l'étonnant poème de David Whyte. Ces deux strophes sont peintes sur le mur de ma cuisine.

Voici la maison claire
Où je vis
C'est ici
que je demande
à mes amis
de venir,
c'est ici que je veux
aimer toutes les choses
qu'il m'a fallu si longtemps
pour apprendre à aimer.

C'est ici le temple
de ma solitude adulte
et j'appartiens
à cette solitude
comme j'appartiens à ma vie.

Les gens prennent à tort le nationalisme pour un amour du lieu. Le nationalisme est un dévouement à une idéologie, un sentiment de légitimité, un patriotisme qui déclare une nation meilleure que les autres. Aimer un lieu n'a rien à voir avec la hiérarchie ni la concurrence. La profondeur de votre amour pour votre lieu, votre place, vous relie de façon organique à tous les autres. Votre lieu, votre place dans vos rues, dans votre pâté de maisons, dans la forêt, dans le tissu de l'existence, qui fait partie de l'organisme de la vie dans sa globalité. Cet organisme ne connaît ni limites ni frontières. Plus vous vous ancrez dans un lieu, plus vous êtes relié aux autres. Plus vous êtes amoureux des arbres qui vous entourent, plus profond sera votre amour envers tous les arbres.

John Berger a écrit :

> Ce siècle, malgré toutes ses richesses et ses systèmes de communication, est le siècle du bannissement. La promesse dont Marx s'est fait le grand prophète finira peut-être par se réaliser, alors le substitut pour l'abri qu'offre un chez-soi ne sera peut-être pas juste nos noms personnels, mais notre présence collective et consciente dans l'histoire, et nous vivrons à nouveau au cœur du réel. En dépit de tout, je peux l'imaginer.

Nos rues débordent de bannis. De gens considérés comme des problèmes ou des moutons noirs par leurs familles, de gens ostracisés qui fuient la haine et les sanctions, fuient la persécution, la guerre, la pauvreté, l'absence de terres, qui sont à la recherche d'emploi et de sécurité.

Dans un système de capitalisme mondial, tous les lieux sont bons à conquérir et mettre à sac, vus pour leur potentiel d'expansion et d'exploitation. Il y a une marchandisation des lieux, qui deviennent des choses à acquérir, servant les intérêts des grandes entreprises et des très riches. À mesure que les terres sont détruites par les guerres impérialistes et par la crise climatique issue de la pollution dévastatrice des eaux, de la terre et de l'air, mais aussi du pillage qu'est l'extraction minière, que le chômage de masse provoqué par la mondialisation augmente, toujours plus de gens sont contraints de fuir, en quête d'un lieu en sécurité et d'emploi.

Le capitalisme mondial ne se contente pas d'intensifier un exode des lieux, il s'appuie dessus. Lorsque les gens sont arrachés à leur chez-soi, leurs fondements, leurs familles, loin de leur ancrage dans une culture, de leurs fermes, fleuves et rivières, de leurs traditions, communauté et continuité, ils sont déstabilisés, vulnérables à l'exploitation, l'oppression, la mort et la tyrannie. La terre est là d'où nous tirons notre force. La communauté là où nous sommes façonnés et soutenus, validés, connus et protégés.

Aujourd'hui, alors même que j'écris, le gouvernement Trump a émis une interdiction d'entrée aux États-Unis pour les ressortissants de sept pays musulmans : l'Irak, la Syrie, l'Iran, la Libye, la Somalie, le Soudan et le Yémen. Un des fondements des États-Unis, pays d'immigration, est notre disposition à offrir aux gens de partout dans le monde asile et sécurité, un havre où se poser et reconstruire. Aujourd'hui les grandes entreprises, les racistes et les riches qui dirigent les États-Unis détruisent aussi cela. Et le comble, c'est que la plupart des pays à qui nous interdisons l'accès sont des pays que nous avons contribué à détruire par nos interventions impérialistes. Nous bannissons ceux que nous avons bombardés. Double bannissement, bannissement dystopique. Bannissements au sein du bannissement.

J'ai quitté la ville et je me suis installée dans les bois. Je ne prends pas cette bénédiction à la légère.

Je suis sortie ce matin et la brume de l'étang se dissipait, la lune était haute et le soleil perçait. Peut-être était-ce la pluie d'hier, toute la journée. Peut-être était-ce cette chaleur soudaine en janvier. Peut-être était-ce le cuivre lumineux des champs de blé en sommeil ou la neige qui avait fondu et l'herbe soudain libérée, verte et prête, ou peut-être encore les dalles du chemin noircies par l'eau. En tout cas c'était comme si la terre avait déchiré, pour un bref instant, le voile de l'hiver et révélé un monde en dessous. Il y avait une clarté à chaque chose, une exactitude, un ordre. Pendant que je marchais, un mot s'est mis à résonner dans ma tête, « le lieu le lieu, tu es arrivée à un lieu. Tu as trouvé ton lieu. Ici c'est ta place ». J'ai éprouvé le désir d'être fidèle à ce lieu. Et de faire des autels à ce lieu. Je voulais épouser ce lieu (moi qui n'ai jamais été fan du mariage). Je voulais le tatouer sur mon bras, me donner pleinement à lui et ne plus jamais voyager ni le quitter. Je ne voulais rien en rater. Pas une matinée de brume ni un ciel morose qui s'étire jusqu'à quatre heures, puis bascule du haut d'une falaise d'obscurité. Ce lieu auquel je dois maintenant revenir, que je commence à connaître aussi intimement que mes propres mains.

Accepter d'épouser un lieu signifie ne plus vivre dans le toujours possible, le toujours à la recherche. Ça veut dire s'installer, se fixer. Ça veut dire accepter des limites, accueillir l'humilité. Ça veut dire se poser.

Le capitalisme mondial a transformé la terre en bien foncier. Sa faim vorace chasse les autochtones de leurs terres souveraines et détruit leur eau et leur air. Elle force les migrants à quitter leurs familles et traverser des frontières pour travailler à des salaires de misère. Elle est responsable du bombardement de millions de personnes maintenant à la dérive, armées d'êtres perdus, brisés et désorientés. Elle a accouché d'une classe de jet-setteurs fortunés qui ne voient pas la terre comme un lieu, mais comme une preuve de leur richesse et de leur statut.

Les lieux sont réels. En avoir un ne veut pas dire prendre plus que sa part. Ça veut dire se satisfaire du suffisamment. Ça veut dire faire une rencontre avec soi-même et terrasser les démons que vos pérégrinations tenaient à distance. Ça veut dire être le gardien de là où vous vous tenez.

Alors qu'une vague d'autoritarisme et de haine balaie le pays et une grande partie du monde, qu'un état d'esprit ouvertement prédateur s'affirme agressivement dans chaque aspect de nos vies, notre plus grande défense sera notre engagement personnel à garder et protéger tout ce qui est sacré : notre terre, les réfugiés et les immigrants, les communautés marginalisées, nos principes, nos valeurs, nos amitiés, notre lien humain. Cela n'est réalisable que si nous sommes prêts à desserrer les tentacules de notre envie de toujours plus. Nous ne cesserons d'être jetables que si nous parvenons à nous enraciner dans le réel, dans l'humilité, dans une alliance avec le lieu et dans un engagement à lutter pour que personne ne soit jamais chassé de son lieu sacré par la guerre, la cupidité ou les catastrophes climatiques.

Cette maison, cette terre est plus grande que mon inquiétude et mes préoccupations. J'y suis petite, à la bonne taille. J'appartiens aux immenses robiniers qui m'abritent quand je me repose. J'appartiens aux pierres usées où l'eau coule abondamment après la pluie. J'appartiens au cardinal rouge flamboyant qui picore dans ma mangeoire sous la neige et au serpent noir qui vient en fin d'après-midi et s'allonge paresseusement sur le mur de pierre.

J'appartiens aux cristaux de glace qui tombent et dessinent une magie de diamants sur l'allée de dalles. J'appartiens aux pins, aux chênes et aux saules. J'appartiens à la nudité de l'hiver. J'appartiens aux étoiles et aux branches squelettiques drapées d'une brume framboise, colorée par la lune rouge. J'appartiens aux quiscales à longue queue qui arrivent par centaines avec des sifflements stridulants et emplissent les grosses branches du mûrier comme un rassemblement de sorcières. J'appartiens aux souris invisibles qui grignotent mes bougies et font la course dans les avant-toits jusque tard dans la nuit. J'appartiens à l'antique tortue – alligator qui grimpe péniblement la colline en cette journée particulière de mai, puis coule avec aisance son corps endurci dans l'étang. J'appartiens à tout cela et cette appartenance est un baume.

Des roses grosses comme des soucoupes

Cité de la joie, Bukavu,
République démocratique du Congo, septembre 2018

Pour Mama C

Cela faisait deux ans que je n'avais pas pu me rendre à la Cité de la joie. Problèmes de visa s'ajoutant à une forte insécurité. La guerre continue à faire rage, invisible et silencieuse, mais la Cité de la joie, comme tant d'autres acteurs en République démocratique du Congo, ne se laisse pas décourager. Elle est fertile, vivante, vibrante, tenace et florissante, malgré tout ce que le monde peut lui jeter dessus. J'y suis de retour, enfin. Voici ce qui a changé :

Les jeunes pousses sont devenues de grands arbres.

Un minuscule oranger est maintenant chargé de fruits.

Un jardin est devenu une forêt.

Les roses sont grosses comme des soucoupes, à présent.

Le personnel inexpérimenté a su se montrer à la hauteur des difficultés et ce sont aujourd'hui des professionnelles hautement qualifiées et parfaitement efficaces.

Les femmes, hier maigres, affamées et traumatisées, sont fortes et bien en chair.

Certaines, hier sans défense et brutalisées, ont réussi le premier cours et sont désormais des gardes qualifiées qui défendent les autres.

Les filles ont transformé les pierres qui étaient dans leurs cœurs et leurs passés en fleurs.

Des bureaux en bois hier d'un ennui terne sont aujourd'hui élégamment recouverts de pagnes aux volutes follement colorées.

Une cabane de méditation a été construite, où une brise parfaite pénètre en traversant des tapisseries d'une beauté à couper le souffle.

Il y a des zones de silence pour s'arrêter, réfléchir et ressentir la paix.

Les victimes sont devenues des survivantes qui sont devenues des leadeuses.

Les épouses de militaires abandonnées par le gouvernement, qui vivent dans le camp délabré des alentours, sont devenues des membres actives de la communauté de la Cité de la joie. Deux d'entre elles y ont été embauchées.

Mille cent dix-sept femmes ont été diplômées.

Fortes de quoi, elles :

occupent des rôles de leadeuses dans leurs communautés

dirigent des coopératives agricoles

étudient

recrutent d'autres femmes pour la Cité de la joie

vivent maintenant à la V-World Farm et y travaillent comme agricultrices

réclament leurs droits

deviennent infirmières, enseignantes, herboristes, assistantes sociales, guérisseuses, organisatrices

refusent les hommes qui ne sont pas leurs égaux.

À la V-World Farm :

Deux cents agricultrices et ouvrières sont employées.

Trois cents familles vivent d'un terrain offert. La communauté des alentours fait partie du projet.

Des maisons pour quatre-vingt-dix femmes ont été construites et elles sont superbes.

Il y a un théâtre ultramoderne.

Les porcs, les agneaux, les chèvres et les lapins se sont multipliés.

Les tilapias se récoltent à la tonne. Les produits de la V-World Farm nourrissent les femmes de la Cité de la joie.

Le moringa pousse, ainsi que les avocats, les ananas et les papayes.

Et les patates douces et des tonnes de riz et de fenouil.

Et par hasard une fleur sauvage, rouge.

Voici le nouveau paradigme qui s'est manifesté sur terre. Un monde où les employées sont emplies d'une telle joie qu'elles s'interrompent, littéralement, en pleine matinée, pour enlever leurs chaussures et danser. Où les pleurs sont invités, où les idées sont généreuses, où aimer est le verbe central. La Cité de la joie est un diamant brut. La citadelle qui se dresse au milieu de la guerre et des cassures. Où le rayonnement de celles qui ont transformé leur souffrance en puissance diffuse dans toutes les directions. Où des miracles sont catalysés par la transfiguration de la peine en joie. En voici un exemple.

Il y avait des jumelles, Cikuru (première-née) et Cito (la deuxième). Lorsqu'elles avaient trois ans, les milices sont entrées dans leur village et elles ont été obligées de fuir. Leur père a été assassiné et elles ont été séparées de leur mère. Ensuite elles ont été enlevées l'une à l'autre. Recueillies par des familles différentes qui les traitaient comme des domestiques. Violées chacune à plusieurs reprises. Elles ne s'étaient pas revues depuis quinze ans. L'une d'elles ne se rappelait pas qu'elle avait une sœur. L'autre en avait le vague souvenir. Chacune, de son côté, a été adressée à la Cité de la joie. À bord du bateau qui les y conduisait, d'autres filles ont remarqué ces deux passagères qui se ressemblaient de façon frappante. Elles se sont retrouvées et ont découvert qu'elles étaient jumelles. Elles ont retrouvé la pièce manquante et retrouvé leur famille. Elles ont passé six mois à la Cité de la joie toutes les deux, ensemble. Toutes deux ont purgé leur souffrance et se sont délestées de leurs pierres.

Elles se sont installées à la V-World Farm. Elles y travaillent maintenant, et étudient. Elles pleurent quand elles parlent de leur mère. Elles ont juré de ne plus jamais se quitter dans cette vie. Elles économisent pour acheter de la terre et une maison. Elles sont sœurs. Et se lèvent.

À tous ceux qui osent nous priver de notre choix corporel

6 mai 2022

Je vous demande :

Qu'ont-ils, nos corps, qui vous fassent tellement peur, vous insécurisent à ce point, vous rendent si cruels et durs ?

Est-ce leur singulière autonomie ou leur simple existence ?

Est-ce leur capacité à un plaisir immense et sans fin – à des orgasmes qui peuvent se multiplier en orgasmes à l'intérieur des orgasmes ? Est-ce notre peau ? Est-ce notre désir ?

Est-ce notre ouverture qui vous chiffonne et vous rappelle l'endroit où vous êtes fermés ?

Est-ce la pure force de nos corps, qui nous permet de saigner et donner naissance, ployer, porter et continuer

continuer malgré toutes les façons dont vous nous avez abaissées et

chosifiées, humiliées et manqué de respect, dont vous avez tenté de faire de nous des machines à pondre des bébés ?

Notre force qui est inhérente et n'a pas besoin de se prouver, de fanfaronner, ni de s'appuyer sur des armes et de la violence pour contrôler et terroriser ? Qui n'a pas besoin d'abolir des lois ni de mentir pour devenir juge à la Cour suprême ou président, ni de truquer les cartes une fois en poste.

Connaissez-vous cette puissance ? Pouvez-vous l'imaginer ? Une puissance qu'on acquiert en respectant la vie, en se souciant des autres avant soi-même, en maintenant la cohésion des communautés ?

Nous pensez-vous assez naïves pour croire que vous êtes motivés par votre souci de la vie alors que vous avez témoigné de si peu de respect envers elle et envers nous ? À la place vous passez vos journées à démolir et contrer tout ce qui rend la vie possible à ces mères et personnes avec bébés que vous prétendez protéger – en combattant la couverture médicale universelle gratuite, le congé parental payé et l'allocation enfant à charge. Où est votre indignation, quand ce pays a le taux de mortalité maternelle le plus élevé des pays développés ?

Pensez-vous que nous ayons oublié que certains de ceux qui prennent les décisions les plus importantes sur des millions de nos corps (Kavanaugh et Thomas), et celui (Trump) qui a choisi trois des membres de la Cour suprême, actuellement en train de prendre ces résolutions, sont des hommes qui ont été accusés d'avoir violé les corps d'autres femmes, harcelé des corps de femmes, les avoir humiliés et s'être publiquement vanté de mettre la main aux parties génitales des corps des femmes ? Pourquoi leur ferions-nous assez confiance pour les laisser s'approcher de nos corps, et encore plus en déterminer l'avenir ?

Qu'ont-ils, nos corps, qui vous fassent croire que vous avez le droit de les envahir, de les déterminer, de les contrôler et les légiférer, de les violer et les forcer à faire quoi que ce soit contre leur volonté ?

Peut-être commettez-vous l'erreur de prendre notre générosité pour de la faiblesse, notre vulnérabilité pour de la fragilité.

Cela expliquerait pourquoi vous êtes incapables de voir qu'il n'y a pas la moindre chance que nous retournions jamais en arrière. La loi n'est pas encore passée et jamais nous n'accepterons ce jugement.

Peut-être parce que vous n'avez jamais su ce que ça faisait d'avoir son corps contrôlé par un État anonyme et vindicatif, d'être violée à douze ans et forcée de garder le bébé, d'être tellement désespérée que vous vous ravagez l'utérus avec un cintre ou saignez à mort dans une ruelle, et peut-être est-ce la raison pour laquelle vous ne comprenez pas qu'une fois qu'on a goûté à la douceur de la liberté et du choix, une fois qu'on a connu son corps comme n'appartenant qu'à soi, une fois qu'on s'est libérée et qu'on a senti l'ampleur de son corps, la force de vie née de l'autonomie, qui anime chaque pore de la peau, on n'envisage pas une seconde d'y renoncer. Jamais.

Et parce que vous ne savez pas ça, vous ignorez aussi à quel point nous sommes dangereuses, à quel point nous sommes organisées et disposées à faire ce qu'il faudra pour préserver notre liberté.

Ça fait cinquante ans. Nous avons concrétisé notre dû. Nous avons bel et bien des comptes en banque, aujourd'hui. Nous avons des cartes de crédit et nous pouvons acheter une maison. Nous pouvons faire partie d'un jury. Nous avons des cabinets et sommes avocates. Nous écrivons pour des journaux et sommes à leur tête. Nous animons des programmes télévisés et réalisons des films. Nous dirigeons des hôpitaux, des universités et des associations à but non lucratif, écrivons des pièces sur les vagins et des livres sur les fascistes et le fascisme. Il est impossible de nous balayer.

Ce monde est le nôtre aujourd'hui. Et ces corps sont les nôtres.

Nous savons ce que vous avez en tête – ceci n'est que le début de votre plan diabolique pour nous priver de la contraception, du mariage pour tous, des droits civils, du droit de vote et ainsi de suite. Tout cela procède de votre volonté désespérée d'empêcher l'avenir qui est sur le point de naître : un avenir où nous connaîtrons notre passé et commencerons à en prendre acte, un avenir où nous enseignerons la *critical race theory*[1] et la vérité sur le suprématisme blanc, le sexisme et la transphobie. Un avenir où nous prendrons soin de notre planète et consacrerons nos vies à protéger l'air, l'eau, les forêts, les animaux et toutes les créatures vivantes, un avenir où les personnes auront l'autonomie sur leur corps, leur matrice et leur genre, se marieront avec qui elles veulent et ne se marieront pas si elles ne veulent pas, auront des bébés si elles le veulent et n'en auront pas si elles n'en veulent pas, et malgré tous vos mensonges, vos stratégies et vos moyens retors, vous n'allez juste pas nous arrêter.

Vous avez déchaîné notre fureur, notre solidarité et notre unité.

1. Littéralement : « théorie critique de la race », ou « des races ». Actuellement, la discipline est désignée en France sous son nom anglais.

Nous savons que notre avenir et tout ce pour quoi nous nous sommes toujours battues est en jeu. Je suis prête à sacrifier mon corps pour cette liberté, pour toutes les libertés, et je sais qu'il en va de même pour des multitudes de femmes.

La révolution d'Ève

2018

Pour Monique

Discours prononcé à la Conférence au sommet des Bioneers, en 2014, sur le thème « Développer le mouvement ».

Permettez-moi de revenir à Ève, la première femme, à Adam, au serpent, à la pomme, au jardin, à Dieu. Je vous y ramène parce que c'est là que cette histoire commence.

Toute ma vie, j'ai été obsédée par Ève. D'abord, bien sûr, parce que ça a été mon prénom. Et pour une petite de six ans, ça semblait ridiculement impossible de s'appeler Ève. Ève était responsable non seulement de la chute du paradis, du bannissement et de la honte, mais aussi de la mort elle-même. Les noms comme les mythes déterminent beaucoup de choses.

À un niveau profond, cette histoire d'Adam et Ève me concernait. Elle était comme une plaque tectonique à la base de ma conscience, d'où découlaient la vision que j'avais de moi-même et ma façon de me comporter dans le monde. Je crois aussi que cette histoire a formé, consciemment ou inconsciemment, une grande part de l'humanité.

Combien d'entre nous avons l'impression d'être d'emblée des personnes/des femmes déchues – notre crédibilité ou notre valeur inhérentes oblitérées dès la naissance ? Combien d'entre nous sommes sous le joug de la peur débilitante que toute forme de désobéissance ou d'indépendance entraînera l'exclusion sociale et la damnation ? Combien d'entre nous nous sentons maudites pour notre curiosité, empêchées de savoir ce que nous savons, vivant dans une culture qui manifeste en permanence un dédain pathologique et condescendant pour nos instincts, délégitime notre intuition ou déprécie tout ce qui pourrait mener à une intelligence plus profonde, plus incarnée ? Le mythe d'Ève sert toujours d'avertissement, telle une clôture électrifiée qui entoure nos psychismes et dézingue nos impulsions de révolte ou de remise en cause. Je ne sais pas vous, mais en ce qui me concerne le serpent a grandement figuré dans ma vie, sous la forme d'amant·e·s, de sexe, de drogue, de rock and roll. Je crois que nous sommes nombreuses à ingérer sans cesse des choses qui sont des substituts de pomme, mais toujours avec le sentiment d'être en faute. Notre force vitale ou notre soif d'être, nos impulsions érotiques, ont été déformées par cette honte et cette méfiance cellulaires.

Bien que cette histoire dominante semble gouverner notre vie consciente, si nous prenons le temps de nous arrêter et d'écouter, nous savons qu'il existe une autre version qui ronge notre inconscient collectif, une autre idée de l'Ève mythique, archétypale.

J'ai lu des ouvrages sur Ève ainsi qu'un grand nombre des réinterprétations féministes. Ma pensée et ma vision s'y ancrent, bien sûr, et en tirent de la force et des éléments. Certaines montrent une Ève prête à faire le monde selon sa propre expérience, d'autres une Ève profondément identifiée à sa sexualité, d'autres encore la voient plus intelligente, plus convaincante et plus assurée, aspirant à la sagesse.

Je crois que la façon dont nous voyons Ève est décisive. Elle fut, en théorie, la première femme, la mère de la vie. Et elle a beau être un personnage de parabole, nous savons que les mythes gouvernent nos existences, déterminent les murs des histoires dans lesquelles nous vivons et les barrières à celles que nous aimerions construire. Ils deviennent l'ossature de nos actes et de nos vies. Je suis donc ici aujourd'hui pour vous proposer une autre histoire sur Ève. Je vais parler d'elle comme archétype plus que comme figure religieuse. Je vais parler d'elle comme l'un des nombreux archétypes féminins qui ont une influence profonde sur nos vies.

Ève a mangé la pomme parce que, comme nombre d'entre nous, elle essayait de se souvenir de l'autre histoire, l'histoire d'avant le traumatisme du lavage de cerveau et des massacres. L'histoire d'avant qu'on nous fourre des choses dans nos trous sacrés et qu'on nous coupe les pointes de nos clitoris, où réside l'essence divine. Avant qu'ils rasent nos nids de fourrure et serrent nos chants à la gorge. Avant qu'ils nous traitent d'hystériques, d'émotives et passionnées, avant qu'ils battent les garçons qui pleurent ou ont envie de porter des robes. Avant qu'ils nous lapident pour avoir prononcé les paroles de nos mères et qu'ils forent dans nos profondeurs pour nous voler nos secrets humides et fertiles. Avant qu'on fasse croire à Ève qu'elle avait été tirée d'une côte, avant qu'elle soit obligée d'être docile. Avant qu'elle cesse de danser et se fondre parmi les ondulations des étoiles et de la lune, avant qu'elle enterre ses pouvoirs de guérison par le toucher, de vision de l'avenir et d'union avec la terre. Avant, quand elle savait se donner de la jouissance encore et encore et toujours et que les hommes savaient qu'ils étaient là pour servir cette jouissance parce que, quand elle jouissait, eux et le monde jouissaient encore et encore et toujours. Avant qu'elle soit embarrassée par la joie. Avant qu'elle s'excuse de son cœur et cesse de respecter la taille de son cerveau, avant qu'elle discrédite ses propres opinions et s'excuse de son insatiable curiosité. Avant que l'accouchement devienne une punition, et obligatoires l'amour et le service d'un homme. Avant qu'elle ravale sa rage et étrangle sa voix. Avant que les hommes établissent dieu le père au sommet. Avant qu'il y ait un sommet. Avant que la terre soit traitée comme un misérable monde sauvage. Avant, quand la vie engendrait la vie dans toutes les directions. Ève a mangé la pomme parce que la trajectoire de sa faim était notre chemin de retour et la pomme le fruit de la mémoire, le remède du ressouvenir, l'aphrodisiaque du lien originel. Ève a mangé la pomme pour regagner ses pouvoirs, pour savoir ce qu'elle savait avant d'être retenue en otage dans le mauvais jardin.

La Bible nous raconte que Dieu a dit à Adam et Ève : « Vous pouvez manger de tous les arbres du jardin. Mais de l'arbre de la connaissance du bien et du mal vous ne mangerez pas car, le jour où vous en mangerez, vous mourrez certainement[1]. »

Certains chercheurs tels que Gordon Wasson, Carl Ruck et Clark Heinrich ont écrit que la pomme mythologique était un substitut symbolique de l'*Amanita muscaria*, champignon enthéogène. Vous savez, le rouge à points blancs ? Quand on regarde une illustration d'Adam et Ève du XIIIe siècle, on découvre une image étonnante. Incontestablement, l'arbre de la connaissance y est représenté comme un champignon, autour duquel s'enroule le serpent. Le serpent, qui était le savoir intérieur le plus profond d'Ève, a dit : Mangez le fruit rouge et vous ne mourrez pas – d'ailleurs Dieu avait menti, ils ne sont pas morts. Le serpent a dit : Vos yeux s'ouvriront, et je crois que leurs yeux se sont ouverts et que la pomme ou le champignon les a reliés directement à l'essence divine, sans l'intermédiaire de Dieu, le père.

Ève mangea donc la pomme et devint pleinement elle-même dans toute l'indépendance de son être érotique et de son cœur – puis elle offrit généreusement cette transformation à Adam, et aussitôt s'abattirent sur eux le châtiment, la honte, la culpabilité et l'oppression. Ils furent chassés et, depuis lors, ils errent à l'intérieur de nous et hors de nous, en essayant de se souvenir. Ève fut bannie lorsqu'elle ouvrit la porte d'une connaissance plus profonde, et nous devrions tous nous sentir bien, hors du jardin de notre père, hors de sa maison, hors du monde de l'intelligence désincarnée ;

1. Dans la majorité des traductions françaises de la Genèse, Dieu s'adresse à l'homme et le tutoie (« Tu ne mangeras pas », etc.). Toutefois l'interdit est mentionné par le serpent à la 2e personne du pluriel (« Alors Dieu a dit : Vous ne mangerez pas de tous les arbres du jardin. »).

nous devons tous être des nomades visionnaires, exilés de la hiérarchie et prêts à nous trouver les uns les autres pour créer le nouveau monde, ce qui revient juste, en réalité, à nous souvenir du monde d'où nous sommes venus.

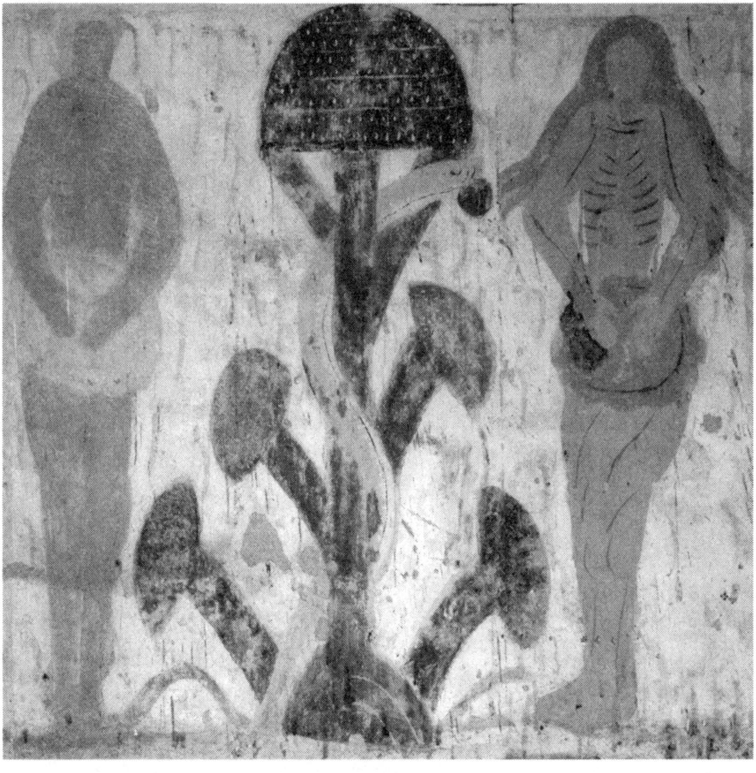

Ève a mangé la pomme pour se souvenir du temps d'avant que nos âmes soient militarisées et camisolées par les religions, qui ont fait de nous des êtres mauvais, coupables et vaincus, qui attendons que quelqu'un ou quelque chose – en général un dieu-père ou un dieu la consommation – vienne nous sauver, nous racheter ou nous protéger, alors qu'en fait il n'y a jamais eu rien dont nous ayons à être sauvés si ce n'est ceux qui en notre nom et pour nous protéger commettaient des guerres et de la violence. Ève qui savait que nous n'avions pas besoin d'un soldat de paradis ou d'un mythique papa-PDG qui occupe notre imagination et nos journées en les réduisant au projet passif d'attendre attendre attendre que ceux qui se servent de son nom pillent et amassent le butin. Ève qui savait que le paradis n'avait pas besoin d'être apporté sur un cheval blanc ni de descendre dans un nuage illuminé parce qu'en fait le paradis était déjà ici, et que notre projet au lieu d'attendre que le paradis nous soit livré était de développer la capacité, le désir et la vision permettant de reconnaître et d'apprécier le paradis déjà présent. Un paradis non pas bâti sur la hiérarchie, la concurrence, la domination et la cupidité, mais sur la relation et la coopération. Un paradis né de la terre elle-même, qui offrait tout ce dont les humains avaient besoin et au-delà de tout ce dont ils auraient pu rêver.

Et Dieu dit qu'Adam et Ève allaient dominer la terre. La soumettre et croître et multiplier. Ève savait par sa mémoire corporelle que c'était là le summum de l'erreur et de la profanation, et que cela amènerait l'histoire du monde exactement là où elle est arrivée, que de dominer, occuper et soumettre la terre-mère, laquelle non seulement nous nourrissait mais qui en fait était NOUS. Que cette séparation d'elle violemment infligée par la machette conceptuelle assoiffée de pouvoir de ceux qui ont fait du serpent le diable, d'Ève l'initiatrice du péché originel et de la terre elle-même un démon fou, dévorant et terrifiant qu'il fallait dompter et contrôler – que cette séparation qui nous a coupé·e·s de l'ombilic nourricier inhérent à notre mère verte nous a laissé·e·s affamé·e·s et aspirant à retourner à son corps, à nos corps. Une faim qui nous a rendu·e·s vulnérables à la tyrannie, plus préoccupé·e·s d'acceptation et d'approbation que de résister aux actuelles profanations et atrocités commises à l'encontre de l'humanité et de la terre. Une faim qui mène à des dépendances contemporaines visibles telles que l'addiction à la drogue, à la nourriture, au shopping, au sexe, qui toutes surcompensent notre besoin désespéré de faire un avec la nature et, partant, avec nous-mêmes.

Cette séparation fut accomplie et imposée à nos corps par la violence parce que, comme le savait Ève, c'est dans nos corps que vit le souvenir. La seule façon d'oublier, c'était de nous arracher à nos corps. De les violer, les battre, les torturer, les brimer, les menacer et de commettre ces mêmes actes de haine contre notre Mère la Terre tout en nous forçant à être spectatrices, et nous, saisies d'un sentiment d'impuissance devant cette destruction sacrée, dans notre effroi nous avons fui non seulement nos corps mais aussi le corps profané et stigmatisé de la mère ; nous avons cherché protection et subsistance non pas auprès d'elle mais, en proie à la terreur et au désespoir, auprès des agresseurs eux-mêmes.

Ève n'a demandé la permission ni à Adam ni à Dieu. Elle savait ce qu'elle avait à faire et je pense qu'elle devait avoir conscience, au moins instinctivement, de ce qui risquait de s'ensuivre. Elle savait qu'elle s'exposait à leur désapprobation et elle devait savoir au fond d'elle-même que son héritage, sa légitimité et son nom pouvaient être brisés, et elle-même chassée du rassurant mirage qu'était le jardin du patriarcat, mais puis-je nous rappeler que ça ne l'a pas arrêtée. Elle a été notre lanceuse d'alerte, se sachant dans le mauvais jardin. Elle a mangé la pomme, l'a mastiquée et avalée, l'a absorbée dans son corps et dans son sang comme une sorte de remède, une sorte de potion, la boule de chair rouge et douce du ressouvenir. Elle a mangé la pomme parce que sa faim de justice, d'extase, de lien, de jouissance, d'égalité et d'amour était extrêmement vivante. Et comme l'écrit Audre Lorde dans son essai visionnaire, *The Uses of the Erotic*[1] :

> En tant que femmes, nous en sommes venues à nous méfier de cette puissance issue de notre connaissance la plus profonde, non rationnelle. Toute notre vie, le monde masculin nous a mises en garde contre elle, appréciant suffisamment cette profondeur de sentiment pour s'entourer de femmes qui la mettent au service des hommes, mais la redoutant trop pour envisager son existence et son potentiel en eux-mêmes. Bien sûr, des femmes détentrices d'un tel pouvoir sont dangereuses.

Ève est vivante en nous, avec sa soif de souvenirs, elle est dans le corps de notre mère et nous sommes à deux doigts du GRAND ressouvenir.

1. Une traduction de l'essai par Magali C. Calise (*et alii*) figure dans *Sister Outsider*, éditions Mamamélis, 2003, sous le titre « De l'usage de l'érotisme : l'érotisme comme puissance ». La traduction de l'extrait cité par V emprunte à cette dernière.

Comment retrouvons-nous la mémoire ? Qu'est-ce qui déclenchera les flash-back, ramènera les images et les sensations ?

Tout d'abord, nous devons manger la pomme sans complexe. Ça implique d'ingérer tout ce qui catalyse et suscite la vision et l'imagination. Ça veut dire faire notre propre éducation et étudier plus en profondeur les histoires et les mythes conçus et soutenus par ceux qui ont le pouvoir. Réintroduire le rituel, la poésie, le temps, le rapport humain, les plantes médicinales ; ouvrir la boîte, apprendre les données, toucher le mystique, sortir du déni ; prendre possession de nos corps, du contact physique, de la danse, du sexe ; avoir confiance en ce que nous savons, ne pas demander la permission, défier l'autorité. Ça veut dire faire confiance aux méthodes dont nous disposons pour nous souvenir. Accordez-moi une minute pour vous parler de la danse, et de One Billion Rising. Comme beaucoup d'entre vous le savent, une femme sur trois sur la planète a été ou sera violée à un moment ou un autre de sa vie. Ce qui fait un milliard de femmes. Il y a bientôt dix ans nous avons invité les femmes du monde entier et tous les hommes qui les aimaient à se lever et danser pour mettre fin à la violence contre les femmes. Ce qui se passa fut extraordinaire. Les survivantes et activistes répondirent présentes immédiatement et près de deux cents pays et des millions de personnes se mobilisèrent et dansèrent. Mais il y eut les sceptiques, en particulier dans les médias et les institutions gérées comme des entreprises, qui n'ont cessé de demander sur un mode sarcastique et condescendant : pourquoi danser ? Qu'est-ce que ça apporte de danser ? Comme si les divagations et les actions de leur empire prétendument empirique nous avaient apporté autre chose qu'un monde au bord de l'extinction humaine.

Je voudrais vous parler du pouvoir de la danse, du pouvoir des corps traumatisés par l'État ou les violences familiales qui lâchent prise, se déploient, se rejoignent et résistent collectivement. La danse a invité des personnes de tous les genres à se réapproprier l'espace public et à lui donner une énergie nouvelle, elle a fait jaillir et rejaillir dans toutes les directions une énergie créatrice, empathique et déterminée. Elle a porté les violences faites aux femmes à la une des journaux, a permis de l'autonomie, de l'organisation locale et de la solidarité mondiale. Elle a provoqué des demandes de justice à travers toute une gamme de sujets intersectionnels, sachant que la violence envers les femmes ne peut être séparée des autres formes de violence, qu'elle soit économique, environnementale, raciale ou de genre. Elle a ajouté la joie aux ingrédients de notre résistance et ce faisant y a aussi ajouté la sexualité et convoqué le mystique et l'intangible, suscitant des réactions tenant du miracle : au Pérou, des ouvriers du bâtiment ont établi des chantiers exempts de harcèlement. En Inde, cent mille conducteurs de rickshaw ont été sensibilisés à la violence de genre et ils ont maintenant des panneaux sur leurs rickshaws qui annoncent : « Ma religion, c'est le respect des femmes. »

La danse a forcé le gouvernement des Philippines à protéger les filles de Patayas, la décharge où elles étaient obligées de vendre leurs corps pour fouiller dans les déchets. Elle a libéré des centaines de femmes emprisonnées au Zimbabwe pour crime passionnel, elle a inspiré des hommes dans toute la République démocratique du Congo à écrire une déclaration de solidarité pour mettre fin aux violences faites aux femmes et aux filles, suivie d'un rassemblement national d'hommes. One Billion Rising s'est joint aux employées de la restauration en lutte contre les salaires inférieurs aux normes, à l'origine du plus haut niveau de harcèlement sexuel de tous les secteurs professionnels. Elle a mobilisé dans les prisons des femmes et des hommes qui ont écrit des chansons parlant de mettre fin au viol et d'honorer les femmes. Elle a conduit des acteurs haïtiens à jouer *Les Monologues du vagin* en créole au Parlement haïtien. Elle a exigé, hardiment, vivement, que des lois visant à prévenir la violence sexuelle soient mises en œuvre, elle a brisé des tabous et poussé des femmes à se mettre nues sur la plage de Byron Bay en Australie et à danser collectivement jusque dans la mer. Elle a poussé des ouvrières à danser dans les usines au vu et au su des entreprises. Des femmes se sont levées dans des églises et à la Cour pénale internationale. Elle a changé certaines lois et forcé la mise en application d'autres, mais surtout elle a permis à des personnes cisgenres, transgenres, non binaires et à des hommes de revenir à leurs corps, de revendiquer l'espace public pour pouvoir, comme Ève, commencer à se souvenir du monde dont nous savons, à l'intérieur de nous-mêmes, que nous devons le manifester à l'extérieur de nous-mêmes.

Elle a intensifié la révolte extatique.

Il y a une scène, à la fin du *Paradis perdu* de Milton, qui me hante depuis des années. L'archange Michel est debout avec Adam et Ève au bord du jardin d'Éden, quelques instants avant leur bannissement. Il leur dit : « Le bien qui sortira du mal sera un bien plus élevé que jamais auparavant. » Pendant des années, j'ai supposé que ça signifiait que nous avions eu besoin qu'Ève commette le péché de curiosité et de désobéissance. Nous avions besoin qu'Ève mette fin au paradis parce que le bien sans la connaissance du mal est un bien moindre que celui qui triomphe du mal. Mais je crois que Milton se trompe. Je crois qu'Ève connaissait déjà le bien supérieur. Je crois qu'elle en avait la connaissance, comme nous, dans son corps. Il lui fallait juste sortir de ce système, cesser de marcher sur la pointe des pieds dans ce jardin punitif et oppressant afin de prendre suffisamment de distance de la peur, du traumatisme et de la terreur inspirée par le Père, l'État et la machine capitaliste, de fréquenter plus de gens qui partagent ses valeurs, de rassembler assez d'assurance et de soutien pour se rappeler la première histoire. À ce propos, ce fut une des fonctions centrales et les plus formidables du mouvement Occupy Wall Street : avoir un lieu public subversif pour se souvenir et recréer en groupe. Il nous en faut beaucoup plus. Il nous en faut partout. Des jardins de la réimagination.

Nous sommes coincés dans le jardin capitaliste contaminé et dévasté du patriarcat, soumis au dieu papa-PDG qui vit toujours comme s'il avait notre intérêt à cœur, comme si ce prétendu paradis somnolent sans réflexion ni conscience – la séduction consumériste, la surveillance quasi totalitaire, les médias détenus par le secteur marchand, le vide de la culture de la célébrité, le voyeurisme d'Internet et les brutalités –, comme si tout cela était réel ou assurait notre sécurité. Ève savait que c'était un mirage. Elle aspirait à retrouver le véritable jardin, le jardin originel d'avant que le dieu-père introduise sa hiérarchie, ainsi que la violence et la menace du châtiment permettant de la maintenir.

Je viens de finir une nouvelle biographie d'Emma Goldman par Vivian Gornick[1], absolument merveilleuse. À une époque, Goldman était réputée être la femme la plus dangereuse des États-Unis. Un titre auquel nous devrions toutes aspirer. Une anarchiste, une révolutionnaire. Elle est très connue pour cette fameuse citation : « Si je ne peux pas danser, je ne viens pas à votre révolution. » Dans son ouvrage, Gornick écrit :

> Ressenti est le mot-clé. Emma a toujours affirmé que les idées de l'anarchisme étaient d'une utilité secondaire si on ne les appréhendait qu'à travers une intelligence rationnelle. Il était nécessaire de les ressentir dans toutes ses fibres comme une flamme, une fièvre dévorante, une passion élémentaire. Le radicalisme de Goldman : une foi passionnée vécue dans le système nerveux, où les sentiments sont tout. Si les révolutionnaires renonçaient à la vie sexuelle et à l'art pendant qu'elles et ils font la révolution, disait-elle, toute joie leur serait perdue. Privés de joie, les êtres humains cessent d'être humains.

Comment construire des mouvements qui soient issus de l'amour de la vie, du combat pour la vie, l'amour, le plaisir et la joie ?

1. *Emma Goldman: Revolution as a Way of Life*, Yale University Press, 2011.

Comment créer un art et une musique radicaux, scandaleux, qui repoussent les limites et communiquent notre pensée et nos passions aux masses ? Comment continuer à évoluer, surprendre et approfondir en nous rapprochant toujours plus de la racine ? Comment nous taire et servir ? Nous préoccuper davantage du rayonnement que d'une image de marque. Trouver des ressources pour ceux qui n'y ont pas accès sans contrôler l'usage qu'ils en feront. Cesser d'utiliser l'argent comme une arme et comprendre que si nous en avons à donner, nous ne sommes pas des gens extraordinaires pour autant, nous avons juste de la chance et personne ne devrait faire les pieds au mur pour en profiter, car nous ne recrutons pas un acrobate, nous avons de l'argent à partager, c'est tout.

Ève était radicale et j'aime ce mot, *radical,* parce qu'il signifie aller à la racine. Le temps est venu d'un changement radical. Le temps est venu de retourner à nos corps et danser et battre du tambour et nous lever.

Le temps est venu de cesser de nous excuser de croire en un monde où chacun est nourri et soigné, où nous laissons ce qu'il reste de pétrole dans le sol, où ceux qui font le travail le plus dur sont aussi les plus respectés et les mieux payés, où nous trouvons notre cap et notre inspiration chez les plus marginalisés et les invisibles, où nous faisons confiance à nos imaginations, lesquelles, une fois orientées dans le sens de la vie, se mettront à créer des solutions aussi stupéfiantes que rapides. Où nous transformons la souffrance humaine non par l'incarcération, le maintien de l'ordre, la punition et la déchéance, mais par l'exploration des causes premières. Où nous cessons d'honorer et de prendre pour modèles les riches et célèbres, préférant honorer et mettre en avant ceux qui, modestement et sans ressources, ont transformé leurs communautés. Où nous nous fions autant au mystique, à l'émotionnel et à l'érotique qu'à l'intellectuel et au politique, en comprenant que les intégrer n'est pas seulement le catalyseur de la révolution, mais pourrait bien constituer la révolution elle-même. Où nous en venons à reconnaître que l'humilité est le chemin de la révolution, et servir autrui l'unique chanson.

Le temps est venu de nous décloisonner, de sortir des ghettos de nos mouvements et de comprendre que chaque lutte pour la justice est un élément de la lutte globale, et plutôt que de nous laisser durcir et diviser par la soif de ressources et de visibilité, de renoncer à dominer et d'embrasser avec joie et acharnement l'intrication de tous ces éléments. Il n'y a pas de hiérarchie dans la souffrance, seulement la convergence en un seul fleuve d'indignation, de compassion et de révolte. Le temps est venu de refaire la structure, de revendiquer le jardin originel.

Et souvenez-vous de l'arbre de vie ; l'offrande de pommes/champignons était là, à l'intérieur du jardin patriarcal, elle a toujours été en nous.

Au bout du compte, il s'agit des êtres humains ; il s'agit de respecter, aimer, honorer, chérir, apprécier la vie, les gens et notre mère. Nous sommes les enfants d'Ève. Filles de notre mère noire africaine, Ève. Révolutionnaire, Ève, qui mangea la pomme qui exhuma le premier jardin sous le jardin construit et imposé. Ève qui mangea la pomme, car sa faim de vérité était notre véritable chemin et dont nous devons maintenant accomplir l'héritage.

Ève, mère de notre liberté, a mangé la pomme pour nous délivrer à ce monde, notre monde. Notre temps est venu. Mangez cette putain de pomme.

« Faire partie de ce pays qui souffre et qui danse[1] »

2017

J'ai prononcé ce discours à l'invitation de Kimberlé Williams Creenshaw, lors du gala « Dites son nom : vingt ans d'intersectionnalité en action » de l'African American Policy Forum[2], qui me faisait l'honneur de m'accorder le Prix de solidarité Virginia Durr.

Toutes les personnes blanches de ce comté sont nées dans un monde raciste. La tâche consiste à se défabriquer, se décoloniser, à consacrer pleinement sa vie à ce projet. La conscience vient par étapes, par strates. Vous en décollez une, il en apparaît une autre. C'est un projet exigeant, qui va en profondeur et doit mobiliser tout votre être et toute votre ardeur. C'est pour cela que je ne crois pas aux alliés.

1. En citation d'une lettre de James Baldwin, publiée dans le *New Yorker* le 17 novembre 1962.

2. «Forum afro-américain sur les politiques», l'AAPF se définit comme un groupe de réflexion qui rassemble universitaires, activistes et décideurs politiques dans une démarche visant à démanteler l'inégalité structurelle, s'attachant notamment aux questions de race, genre et classe sociale.

Être votre alliée, ça implique que je vous aide à régler votre problème. En réalité la lutte pour mettre fin au racisme est le problème des Blancs, de la même façon que mettre fin à la violence contre les femmes est le problème des hommes. Il se trouve que nous ne nous violons pas nous-mêmes. Or une injustice de plus s'ajoute aux nombreuses injustices existantes, à savoir que non seulement le racisme sape, accable et détruit les Noirs, mais en plus on leur attribue la responsabilité d'y remédier.

La solidarité implique que c'est entièrement notre problème. Que nous sommes tous dans le bain au même titre. Tandis qu'« allié » suggère de la distance et du confort.

La solidarité implique quelque chose de plus audacieux, plus direct, plus prenant, plus engagé. Ça veut dire franchir des lignes, assumer la lutte à bras-le-corps. Ça veut dire nous jeter dans un douloureux et difficile travail d'exhumation de l'histoire inscrite dans notre ADN.

Il y a une certaine facilité à être un allié. Quand ça devient difficile, on peut toujours se retirer. Et puis il y a quelque chose de condescendant. Ça me fait penser à la tolérance. Je méprise ce terme de *tolérance*. Il implique que je vous tolère, je m'accommode de vous. Cela me met dans la position d'autorité, de la personne qui tolère.

La tolérance implique un dedans et un dehors. La solidarité est un lieu d'unité entre des individus, unis autour d'un objectif commun ou contre un ennemi commun : en l'occurrence le racisme. Il est temps que nous risquions nos corps blancs pour la liberté des Noirs – temps d'être disposés à perdre nos privilèges et notre statut, temps d'admettre les ravages d'une idéologie et d'un contexte racistes. Temps d'arrêter de critiquer les tactiques ou méthodes de mouvements révolutionnaires qui se lèvent avec courage, cœur, vision, patience et une bonté qui tient de l'héroïsme pour répondre aux atrocités, aux meurtres, aux humiliations, à la terreur, à l'isolement et à l'exclusion les plus horribles. Rien ne changera tant que nous ne serons pas disposés à la fermer, à écouter et servir, et disposés à cesser de tout ramener à nous : nos sentiments, nos blessures, notre culpabilité.

Sommes-nous capables de reconnaître notre égoïsme, notre peur, notre besoin d'être rassurés et notre soif désespérée de pouvoir ? Sommes-nous capables de nous consacrer à servir, sans diriger ni décider ? Sommes-nous capables de marcher derrière des personnes noires ou à leurs côtés ? Pouvons-nous nous permettre de nous approcher, vraiment près, et nous frotter à la douleur brûlante de ceux que nous avons maltraités, réduits en esclavage, violés, incarcérés, abattus, lynchés, ignorés, diminués, rabaissés et déshonorés ? Comme l'a écrit si brillamment James Baldwin :

> Les peurs et les aspirations secrètes de l'homme blanc, inavouées – et apparemment indicibles pour lui, sont projetées sur le Nègre. La seule façon dont il peut se libérer du pouvoir tyrannique du Nègre sur lui est de consentir, dans les faits, à devenir lui-même noir, à faire partie de ce pays qui souffre et qui danse, qu'il regarde actuellement avec mélancolie du haut de son pouvoir solitaire et qu'il visite en cachette, armé de traveller's chèques spirituels, à la nuit tombée[1].

1. *The Fire next time*, 1963. L'extrait cité a été traduit pour cet ouvrage, toutefois l'essai de James Baldwin a été publié dès 1963 par les éditions Gallimard dans une traduction de Michel Sciama : *La Prochaine Fois, le feu.*

Sommes-nous capables de faire partie de ce pays qui souffre et qui danse sans rendre les Noirs responsables de notre culpabilité et notre négligence ?

Sommes-nous capables d'arrêter de punir les gens à qui nous avons fait du tort parce qu'ils nous rappellent que nous leur avons fait du tort ? Sommes-nous capables de nous montrer assez honnêtes, généreux, vulnérables et humbles pour apporter librement soutien et parenté ?

Sommes-nous capables de servir sans nous attendre à être vénérés ? Sommes-nous capables d'arrêter de donner des consignes et, à la place, mettre nos corps à disposition pour agir ? Sommes-nous capables de placer ce mal terrible qu'est le racisme au centre de notre réflexion et de notre activité morale ?

La vérité, c'est que nous sommes autant force que symbole. Notre blancheur est notre couleur de peau, mais elle est aussi un drap déchiré qui recouvre les morts, un étendard de privilège qui refuse de se rendre, une ville nommée différence et pouvoir. Notre blancheur est la couleur de la honte.

Alors, sommes-nous capables de rester un instant assis en silence et nous laisser submerger par la lourde vérité, la peine et l'histoire ? À ce moment-là, dans ce silence cataclysmique, quand nous aurons touché le raz-de-marée de notre responsabilité, nous saurons quels efforts nous devons faire, quels risques nous devrons prendre, pour démanteler cette haine folle – et avec quel amour acharné nous devrons aimer pour redresser nos torts.

Perturbations

Kingston, New York, 2016

Ce texte est tiré d'un dialogue écrit avec l'écrivain éco-philosophe Derrick Jensen, sur une période d'un an.

Dernièrement, dans presque toutes les conversations où mes amis discutent des diverses catastrophes destructrices qui échoient au monde, il y a immanquablement quelqu'un qui finit par dire : « On est foutus. » S'ensuivent des rires qui semblent un peu forcés, puis un silence, où flottent alors les questions non prononcées : Est-ce vrai ? Sommes-nous foutus ? Est-ce fini ? Les dés sont-ils jetés ? La question est étrange. On dirait un exercice mental de survie en version postmoderne, où nous nous assurerions de la fin du monde pour ne pas avoir à nous confronter aux horreurs de nos actes passés et présents. Soulagement et sentiment d'être déchargés, de ne pas avoir à nous occuper de la montagne de souffrances et de folie. Une forme de coupure psychologique qui apaise et fait du mal en même temps – une blessure psychique auto-infligée qui débute comme une défense contre un monde écrasant et sert de mise à distance et de contrôle. Il est difficile de dire si le groupe ou la personne qui pose la question croit vraiment qu'on est foutus, mais la poser suffit presque à saper toute volonté de se battre pour changer les choses. Il y a aussi une part de plaisir masochiste, comme si poser la question, c'était braver la calamité en l'acceptant avant même qu'elle nous tombe dessus.

Je suis incapable de vous dire combien de fois, dans ma vie, on m'a « accusée » d'être idéaliste. Accusée d'être naïve, comme si l'espoir ou l'enthousiasme dénotaient un manque profond d'intelligence et faisaient insulte aux prophètes de malheur omniscients, qui détiennent la clé secrète de l'avenir. Mais je ne suis ni idéaliste ni naïve. Je suis ce que j'appellerais une pasionaria de l'absurde. En fait je crois que lutter pour changer le monde est en grande partie absurde. Et en même temps je me voue corps et âme à cette pratique. Je sens souvent, lorsque je résiste, que j'écris, que je me lève et que je manifeste, ma foi s'effondrer dans le moment même de ma résistance, avec l'impression que toutes les minuscules actions que je pourrais faire ou inspirer aux autres ne sont qu'un dé à coudre d'eau jeté sur un incendie de forêt.

Je suis consciente, quand je manifeste dans les rues de New York contre les tirs policiers sur des Noirs non armés, quand je proteste au gisement du Bakken contre la fracturation hydraulique et les violences sexuelles perpétrées dans les campements d'hommes, ou quand je me lève et danse contre les guerres impérialistes des États-Unis, que mon geste peut être très facilement ignoré ou oblitéré par le pouvoir en place. Mais ça me terrorise aussi de songer à quel point cela me transformerait de ne plus lutter. Je pense à Beckett, à la cartographie du désespoir dans ses pièces et à ces personnages qui luttent pour survivre au désespoir dans un monde qu'ils ne comprendront jamais. Et pourtant cette lutte est toujours le sujet de la pièce. Beckett n'est ni sentimental ni nihiliste.

Et c'est là, je pense, que nous devons vivre aujourd'hui : au bord d'une folie incompréhensible en refusant d'abandonner et en refusant de faire semblant. Danser sur le précipice de l'annihilation tout en encourageant et en accueillant la nouveauté avec passion. C'est ô combien difficile à faire dans un pays, un système, qui nous ont entièrement conditionnés à refuser de réfléchir, qui communique par « petites phrases », par arbitraires absolus, stupides, consommables-personnalisables et réducteurs. Être une pasionaria de l'absurde nécessite d'accueillir l'ambiguïté et l'insécurité, et cela signifie regarder en face la situation difficile où nous sommes. Cela signifie sauter en supposant qu'on va tomber, danser dans l'impossible possible chaotique et passionné.

Je crois donc que deux choses doivent nous guider. La première : nous pouvons transformer notre existence par une vision et un engagement radicaux et collectifs pour que les humains puissent perdurer et être en alliance avec la terre. La deuxième : pour chacune de nos vies, nous recevons en prêt le cadeau de cette précieuse terre qu'il nous incombe de chérir et protéger.

Pour le premier point, nous n'avons aucune certitude absolue. Il y a des prédictions qui peuvent nous informer, mais aussi de nombreuses variables. Si la terre était notre enfant et qu'on nous disait qu'elle avait une maladie invalidante avec seulement 5 % de chances de guérison, ramènerions-nous l'enfant de l'hôpital et, baissant les bras, la regarderions mourir ? Ou ferions-nous absolument tout ce qui serait en notre pouvoir pour étirer ces 5 % et susciter un miracle à force d'amour, de créativité et de dévouement ?

Alors, qu'est-ce qui nous bloque ?

Ce paragraphe d'un article récent sur le site web de *The Intercept* au sujet de Mossville, ville de Louisiane contaminée par les usines qui l'entourent, m'a sauté aux yeux :

> On ne s'étonnera donc pas que l'histoire de la maladie chronique aux États-Unis soit de l'ordre de la souffrance privée. La société américaine dans son ensemble a tendance à rejeter l'idée que les toxines causent des maladies, sauf dans le cas d'une exposition grave et incontestable. Une telle attitude nécessite de mettre son jugement entre parenthèses et de consentir – consciemment ou non – à supporter les maladies, quelles qu'elles soient, qui pourraient survenir. Il y a des gens, comme ceux de Mossville, qui résistent, mais la plupart des Américains, comme à Westlake, jouent le jeu.

Ils succombent à une forme de peur subtile, non pas de la maladie mais d'une perturbation.

La majorité des habitants de Mossville a choisi pendant de longues années de nier l'empoisonnement causé par les usines qui entourent leur ville, plutôt que de voir leurs gagne-pain et leurs modes de vie perturbés. Ils ont donné priorité à une apparente sécurité plutôt qu'à une conscience plus profonde du fait qu'ils étaient assassinés à petit feu.

Cela ressemble à l'histoire des humains d'aujourd'hui. Nous préférerions mourir plutôt que bousculer notre confort et nos habitudes quotidiennes. Nous préférerions être empoisonnés ou tués plutôt que de voir nos vies perturbées.

Nous devons donc apprendre l'art et la pratique de la perturbation. Nous devons desserrer les tentacules de nos fausses sécurités et débrancher le monde tel que nous le connaissons. Nous devons partir du principe que n'importe quel endroit où nous vivons ou n'importe quelle chose que nous faisons peut changer ou se désagréger en un clin d'œil, et nous entraîner à changer et lâcher prise. À vivre comme s'il n'y avait pas d'autre avenir que celui que nous créons. Rien de garanti si ce n'est notre disposition à vivre en pionniers d'une nouvelle conscience et d'une nouvelle voie. Nous devons devenir des perturbateurs. Débrancher le cours du *business as usual*, prendre des positions qui mettent en jeu notre acceptation ou notre progression économique, risquer la désapprobation et la controverse, participer à des actions qui nous fassent lâcher les postulats suicidaires et poussent à la chute des tyrans.

« Est-ce le moment ? »

2 juillet 2022

J'ai écrit cet article pour le Guardian *après l'arrêt Dobbs de la Cour suprême qui a éradiqué notre droit à disposer de notre corps.*

Qu'avez-vous ressenti quand c'est arrivé ? Quand ils en sont venus à nous retirer nos droits à l'autonomie corporelle ? Quand ils ont dit que des filles de douze ans seraient obligées de mener leur grossesse à terme, puis de passer par un accouchement extrêmement douloureux pour mettre au monde des bébés qui auront le visage de leurs violeurs ? Quand ils ont légalisé le recours payant à des chasseurs de prime pour nous traquer parce que nous vivons dans notre chair, notre sang et nos matrices ? Quand ils se sont imaginé que celles d'entre nous qui avions donné nos vies pour être libres, pour emprunter nos propres chemins et former nos rêves les plus vitaux, se soumettraient facilement et de plein gré à leur cage torsadée sans voir qu'elle en contenait d'autres, que c'étaient des cages gigognes, toutes reliées, qui chacune nous priverait davantage de notre air et de notre lumière ? J'ai entendu un hurlement aigu et strident, entre le rire et le cri, montant de ma bouche ancestrale, qui se couvrait d'écume, et la fureur enflammait ma chevelure blanche. J'ai eu envie de hurler et de pleurer, et je l'ai fait, sur la profondeur de leur haine envers moi, envers les femmes, les femmes noires et les femmes à la peau brune, les femmes autochtones et les femmes asiatiques, les jeunes victimes d'inceste et les femmes pauvres, les hommes trans et les personnes non binaires donnant vie à des bébés, et globalement pour toutes celles d'entre nous qui essayons de nous libérer.

Alors, j'ai écrit. Écrit, écrit. J'ai écrit texte après texte en essayant de dire quelque chose d'intelligent. Quelque chose qui n'ait pas été dit. Quelque chose de tellement révélateur et fracassant que ça éluciderait l'histoire, résoudrait le crime, créerait une ouverture. En cherchant les mots qui annuleraient ce cauchemar. Qui sauveraient les jeunes femmes et les personnes qui allaient mourir en essayant de ne pas donner naissance et celles qui seraient à jamais torturées et démolies affectivement, économiquement et spirituellement en ayant des bébés non voulus, qui les priveraient de leurs rêves et de leurs destins.

Des mots et des poèmes qui sauraient, grâce au jeu talentueux des syllabes, du rythme et des faits, des références historiques et des métaphores, briser enfin le sortilège, la malédiction multiséculaire du patriarcat : des mots défis, des mots simples, des mots d'une putain de clarté tels que non, non et non. Nous ne reviendrons jamais en arrière parce que nous savons toutes qu'à partir du moment où nous accepterons cela, nous ouvrirons la porte et ils viendront prendre tout, et tout le monde.

Dans un des textes, j'ai écrit une déclaration de refus. Je refuse, ai-je écrit. Ma conscience ne me permettra pas d'approuver les arrêts méprisants d'une minorité marginale à la Cour suprême – dont certains des membres ont été accusés d'agression sexuelle – nommée par un président qui, de son propre aveu, est un agresseur, elle ne me permettra pas d'accepter que ceux qui se font passer pour des juges décident de ce qui se passe dans ce corps ou dans les corps précieux, glorieux, généreux, bienveillants et porteurs de vie de mes sœurs, que j'aime de toutes les fibres de mon être.

Mais je me suis alors rendu compte que je ne savais pas exactement comment nous allions refuser, quelle forme ce refus allait prendre, dans un pays qui compte 400 millions d'armes à feu.

Alors voici ce que je sais. Je n'accepterai jamais cette décision de justice qui me demande de me retourner contre moi-même, contre mon corps et contre toutes nos années de libertés acquises au prix de sanglants combats. Je sais que des multitudes de femmes ressentent la même chose. Je n'ai pas les réponses mais j'ai des questions. Je crois aux questions.

Nous soumettrons-nous avec obéissance et passivité à des lois injustes ? Nous préoccuperons-nous davantage de la conformité que de la justice, nous plierons-nous à des institutions corrompues qui ont perdu leur légitimité – plutôt que nous dévouer à la conscience et les uns aux autres ?

L'ampleur de nos forces unies catalysera-t-elle nos imaginations, notre férocité et notre solidarité, pour faire émerger une vision collective – une série d'actions surprenantes et couronnées de succès ?

Nous accorderons-nous finalement à comprendre que la lutte pour le droit à l'avortement est la lutte contre la suprématie blanche, est la lutte pour mettre fin à l'oppression de genre et au patriarcat, de sorte que nous nous soutiendrons mutuellement quand ils viendront à chacune de nos portes ?

Serons-nous enfin capables de renoncer à nos illusions, qui ont masqué le caractère historiquement raciste et fondamentalement patriarcal des pratiques de la Cour suprême, et de cesser de livrer notre vie et notre volonté à ces institutions dirigées principalement par des hommes blancs qui travaillent contre la majorité, les personnes vulnérables et les opprimés ?

Ferons-nous confiance à nos corps et défendrons-nous leur souveraineté contre l'Église et l'État ?

Ce sera-t-il le moment où nous reconnaîtrons enfin, avec éclat, que jamais une seule personne parmi nous n'aura la réponse ni n'écrira le texte ultime, mais que si nous décidons de nous ranger côte à côte et dans la même direction, chacune apportant ce qu'elle a d'unique à offrir, le chemin à suivre se dessinera ?

Est-ce le moment que nous attendions ?

S'appelle-t-il révolution ?

Peut-elle se faire avec amour ?

Je vous tends la main.

Et nous sautions

Spongano, Italie, 2013

Dans le rêve il vient
et s'assied en face de moi
à quelque chose qui ressemble à une table
sauf qu'il y a la constellation
des étoiles peintes sur le dessus
Il porte son vieux pull jaune
celui qu'il ne mettait qu'à la maison
Il a l'air mal à l'aise
plus vieux que dans mes souvenirs
et triste
Je me souviens de cette tristesse
Je vivais dans cette tristesse
Comme un brouillard,
Comme un virus
Je lui ai donné mon corps
pour faire partir cette tristesse
Et quand ça n'a pas marché
il a décidé de me rendre aussi triste que lui.
Mais assise à la table aux étoiles
À la galaxie qui tombe et semble

s'animer et scintiller entre nous
je sais avec certitude que cette tristesse lui appartient
et pour la première fois
Je ne bouge pas
Ni en arrière ni vers l'avant
Je me sens étrangement sûre de moi
Je ne bouge pas du tout
Je lève la tête et me rends compte
Qu'il y a un large cercle
De gens assis autour de nous
Et que nous sommes dans une sorte
de colisée
et les gens sont patients et attendent en silence
certaines femmes tricotent des maniques
et d'autres agitent légèrement des drapeaux rouges
quelques hommes se penchent en avant dans leurs sièges
fumant des cigarettes
certains portent de drôles de chapeaux à fanfreluches
Ce n'est pas le genre de personnes
à qui mon père aurait parlé
et ils le savent
mais ils ne sont pas hostiles
Mon père soudain s'irrite
comme il en avait coutume perdant patience
et il dit, l'air méchant :
« Qu'est-ce que tu cherches, Evie ? »
Il semble si fragile
Mais je sais que je ne suis pas vouée à le sauver
et ce silence
descend

une jarre de lumière
liquide
tout autour de nous
qui nous contient, nous retient
et surgie de nulle part
cette bulle, cette bulle sale sanglante et transparente
remplie de bruits pointus et d'éclats de cruauté
commence à sortir de moi
de toutes les parties de mon corps
elle s'en déverse
puis se rassemble
en une seule énorme bulle
qui flotte comme un sanglant nuage
plane au-dessus de la tête de mon père
comme dans l'attente de quelque chose
et mon père marque un temps
lève les yeux
alors il ouvre la bouche c'est tout
si naturel si facile
très grande sa bouche
et il reçoit ma douleur
l'avale tout entière
et tout le monde applaudit
Je regarde mon père
si plein
les joues gonflées et rouges
près d'exploser
incapables d'en contenir beaucoup plus
et puis ces larmes rouges se mettent
à couler sur les joues de mon père

J'ai un peu peur
parce qu'il a l'air de pleurer du sang
Mais les gens applaudissent toujours
Ils sont encourageants
Ça dure un moment
mon père qui pleure des larmes de sang rouges
Et puis sous mes yeux
Mon père soudain rajeunit
de plus en plus jusqu'à
redevenir petit garçon
et il n'est pas
triste
il est éblouissant et malin
joueur
il me prend par la main
et m'emmène au centre
du colisée qui est
maintenant un champ de grandes herbes à chatouilles
ondulant sous un vent presque hystérique
et nous nous mettons à sauter et sauter
sauter comme des fous
Je n'arrive pas à croire que nous sautions si haut
C'est comme si la terre était devenue un trampoline
Et je n'ai pas peur maintenant de sauter de plus en plus haut
Quand je me réveille je me dis
Oh, ça, c'est justice.

ÉPILOGUE

V :
Songe autour de mon nouveau nom

J'ai pris V comme nom, désormais. Le nom qui m'avait été donné à l'origine était lié à la personne qui a tenté de me briser et m'anéantir. V est mon nom de liberté.

Je suis issue des V.

Je ne l'ai pas toujours su. Une des choses que les Extracteurs nous ont prises, à moi, à nous, ce fut la mémoire. Ils nous l'ont arrachée par la terreur et l'ont enfouie. Ils nous ont d'abord poussé·e·s à nous moquer de nos mères, puis nous les ont fait oublier, tout comme notre langue et nos noms. Ils nous ont fait oublier nos façons d'être très particulières. Leur violence nous a séparé·e·s de nos corps et parce que nos corps abritaient notre énergie, notre savoir, notre intuition, notre sexualité, nous nous sommes trouvé·e·s séparé·e·s de tout ce qui faisait de nous ce que nous étions.

V est le nom de mon peuple véritable et le rappel de mes origines véritables. Ce ne fut qu'en lâchant celui qui m'avait profanée que j'ai pu commencer à me souvenir. Il lui avait été attribué le rôle de mon père. Pendant presque soixante ans, même longtemps après sa mort, il m'a envahie de terreur, m'a rendue ignorante et apathique. Maintenant, depuis l'exorcisme, la mémoire me revient par pans entiers. Maintenant, grâce aux vertus des plantes médicinales et au chuchotement des arbres, mes ancêtres d'origine commencent à me parler. Les Extracteurs ont apporté une chose nommée traumatisme. Elle semble avoir touché tout et tout le monde, et même notre précieuse terre. C'est une blessure qui fait des ravages et n'épargne rien. Un fracassement qui, s'il n'est pas colmaté, continuera de nous briser et causera d'autres fractures chez les autres. Il nous rend craintifs, paranoïaques et meurtris. Il nous monte contre nous-mêmes.

Je veux que vous sachiez d'où je viens et je veux que vous sachiez qui étaient les miens. Beaucoup d'entre eux vivent dans les murs de vos maisons, dans vos rêves. Les V étaient un peuple immense et humble. V pour Vaisseau, ouverture, invitation, la moitié tendue vers le haut d'un losange, invitant la moitié tournée vers le bas à la rejoindre pour former une complétude. Les miens priaient, bras tendus en V. L'Essence divine rencontrait le V et dans cette complétude du losange se faisait une fusion lumineuse ; des messages, des sagesses, étaient transmis au peuple via le connecteur V.

Dans la communauté des V, la hiérarchie n'existait pas : personne n'était au-dessus ni personne en dessous. Personne n'était plus important ni personne moins important. Chaque personne avait un don particulier, qui était une offrande à la communauté, et parfois ces dons évoluaient et changeaient. Les dons étaient tous également appréciés. Chaque enfant était encouragé à aller où le menait sa joie parce que c'était ce qui ferait évoluer son don. Certains enfants savaient parler aux oiseaux et communiquer avec les arbres. D'autres étaient précoces et dessinaient des images de choses qu'ils n'avaient pas pu voir dans leurs courtes années. Certains voyaient l'avenir. Ils avaient le don de prophétie.

Quelquefois la nostalgie de mes origines me vient comme une douleur vive et implacable. J'ignore si j'ai la nostalgie d'un lieu, d'un autre royaume, d'une autre époque ou même d'une autre planète. J'ai essayé d'expliquer à ceux que j'aime que lorsque je dis que je veux rentrer à la maison, je ne suis pas suicidaire. J'ai le mal du pays de V.

Dès la seconde où je suis née, j'ai été profondément déroutée par les manières terrestres. La rude expérience de la naissance sous les lumières crues, ma mère comme insensible à moi, allongée à plat dos comme si quelqu'un l'avait plaquée là. J'ai essayé pendant tant d'années de la faire revenir à moi.

Il y avait tant de choses troublantes en ce lieu. J'aimais tellement de gens, enfant ; d'ailleurs pour être honnête j'aimais tout le monde. On me réprimandait sans cesse à ce sujet, me disant que ce n'était pas possible d'aimer tant de gens. Que je ne pouvais pas être sincère, que je faisais sans doute semblant. Très tôt on m'a punie pour être trop émotionnelle, trop disponible et trop sexuelle. Je ne comprenais pas comment on pouvait jamais être trop l'un ou l'autre.

Les V acquéraient par leur éducation la conviction que le développement de notre force vitale et de notre capacité à ressentir était l'objectif de l'existence. Nous vivions dans le contact physique et la jouissance constants, et la notion même de travail n'existait pas puisque tout ce que nous faisions se faisait dans le plaisir. C'est drôle de voir qu'aujourd'hui on appelle *hédonistes* les gens qui recherchent le plaisir, comme si c'était une insulte, une complaisance ou une maladie, plutôt que la raison d'être de la vie. À l'époque, notre projet était d'œuvrer à ce que chacun soit aussi en sécurité, heureux et aimé que possible. Nous allions à l'école pour apprendre comment y parvenir. Nous étudiions avec de grands professeurs. Nous apprenions à écouter, nous apprenions à nous auto-évaluer constamment, nous apprenions à poser des questions, nous apprenions l'art de demander pardon, car bien sûr nous n'étions tous que des humains et faisions sans cesse des erreurs qui pouvaient blesser par inadvertance. Certains devenaient maîtres en l'art de demander pardon, acquérant une humilité qui forçait le respect.

Les V veillaient tous les uns sur les autres. Il n'y avait ni je ni moi. Et même si cela peut paraître effrayant à celles et ceux d'entre vous qui bâtissent votre existence en fonction de vous-mêmes, le WE – le NOUS – était là où se vivait le plaisir. Le WE avec son double V était au cœur de notre épanouissement.

Tout ce que les V faisaient allait dans ce sens. Leur façon de pratiquer l'élevage et de cultiver leur nourriture, de construire leurs habitations, de partager leur eau et d'en maintenir la propreté et le débit, de concevoir leurs communautés : tout cela conjugué développait leur capacité à créer des liens, à se chérir mutuellement et à chérir la vie.

Vous pouvez donc imaginer à quel point c'était beau. On leur apprenait très tôt que cultiver la capacité à voir la beauté de leur planète était une première étape décisive pour l'épanouissement de la conscience, ensuite on les formait, pour aller plus avant, à imiter et exprimer cette beauté dans tout ce qu'ils fabriquaient ou faisaient – dans leur façon de s'habiller, de décorer leurs maisons. Notre planète tout entière était un autel, les corps étaient des autels, chacune de leurs maisons était un autel. Les V concevaient des tribunes et des lieux pour rendre grâce, pour se rapprocher et pour inviter leurs guides spirituels. Ils et elles passaient leurs journées à faire des offrandes à l'essence divine à l'extérieur, à l'intérieur et les uns en les autres. Donner de la beauté aux choses était la vocation ultime. Il n'y avait aucune limite au temps que l'on pouvait y consacrer vu que la notion de temps n'existait pas. Les débuts et les fins, c'est ce que les Extracteurs ont apporté car tout ce qu'ils faisaient, eux, tournait autour du contrôle et de la restriction. L'intention des V était simplement d'approfondir la capacité de leurs corps et de leurs êtres à sentir, connaître et s'épanouir dans la présence et l'extase. Connaître et recevoir cette énergie, devenir elle et la multiplier. Tout ce qui pouvait y faire obstacle devait être retiré, transformé ou consumé en eux-mêmes. Car il pouvait arriver qu'ils soient chargés de fragments de souffrance ou de karma venus d'autres mondes, d'autres vies, d'ancêtres ou de rêves, et qui n'avaient pas leur place dans leur monde.

Les Extracteurs créèrent un intérieur et un extérieur. Un haut et un bas. Avant, les V vivaient dans un même océan de rassemblement, dans une même respiration d'être. Ils vivaient comme un *WE* – un NOUS – en constant élargissement, en constante expansion. Le V était le rappel de cette ouverture. Les V apprenaient très jeunes que la nature était leur parente et qu'en ralentissant tout et en se consacrant à la pratique de la présence, qui impliquait de l'attention, une attention détaillée à tout ce qui les entourait – les arbres, les mousses, les lichens, le mycélium, la rosée et les canards – elles et ils pouvaient commencer à ressentir ce qu'il y avait à l'intérieur de ces créatures. Parvenu à ce ressenti, chacun et chacune les connaissait, devenait ces créatures et les protégeait pour toujours, puisque faisant un avec elles. Les V apprenaient que le moyen de ressentir le monde naturel ou de s'y fondre consistait à l'imiter, le représenter ou l'étudier à travers l'art, le théâtre, la musique, la littérature, la science, la compréhension.

La sexualité était le moteur du monde des adultes. Elle n'avait rien de honteux. C'était l'énergie la plus élevée. Elle était vénérée, car étant la vibration qui les reliait pour toujours à l'essence divine. La sexualité était divine. La masturbation était la forme de prière la plus élevée. Beaucoup d'entre eux en avaient une pratique très avancée. Connaître ses propres rythmes et intensités sexuels, se laisser porter par eux en apprenant à les canaliser et les ouvrir sans blesser ni envahir autrui était le bien et l'art suprêmes. À leur arrivée, les Extracteurs furent troublés par l'ouverture et l'intensité des V. Il était manifestement arrivé quelque chose de terrible aux Extracteurs, qui étaient en piteux état, fermés et méchants. L'extase sans complexe des V les mit en rage, éveilla en eux un sentiment d'infériorité et de jalousie. Ils virent dans l'invitation des V une façon de se moquer d'eux, et non de s'unir à eux. Cela les mit sur un terrible pied de guerre contre les V. Ils se lancèrent dans une campagne impitoyable pour les rabaisser et les réduire. Ils violèrent, mutilèrent et massacrèrent leurs corps sacrés.

Les V, qui n'avaient jamais connu de telles horreurs, étaient particulièrement vulnérables. Les Extracteurs apportèrent cette chose que nous appelons la honte. C'était un poison. Ils en couvrirent les V, les trempèrent dedans et l'injectèrent dans leurs veines. Ce fut encore pire que les violences, car au bout d'un moment les V ne surent plus distinguer la honte de leur être originel. Elle devint eux. Leur être honteux. Cette honte les fit douter de leur force vitale et la réduire. Ils commencèrent à haïr leur propre essence. Les maîtres religieux des Extracteurs enfoncèrent dans la tête des V une chose nommée péché, qui permit aux Extracteurs de saper peu à peu leur vitalité et leur génie. Les V se firent invisibles, ne voulant pas s'attirer davantage d'attention violente. Ils en vinrent à se cacher. Comme les cigales ils se réfugièrent sous terre, dans leurs grottes humaines secrètes. Il était devenu rare qu'ils se rencontrent entre eux ou voient le soleil. Ils perdirent leur WE. Et une fois qu'ils eurent perdu ce pouvoir, les Extracteurs purent prendre le contrôle total.

Ils amenèrent la honte aux parties génitales des V. Ils les séparèrent du reste de leurs corps. Les Extracteurs répartirent les V en genres, en races, en binarités dont les parties finiraient par entrer en guerre l'une contre l'autre. Chaque division était choquante et catastrophique, car les V avaient été un peuple qui fondait le sens de son existence sur l'union. Ils n'avaient aucune protection contre ces divisions démoniaques. Une division en créait d'autres, comme des cancers mutant en d'autres cancers. Une fois le processus entamé, il n'y eut plus moyen de l'arrêter.

Avant, les V adultes n'avaient jamais rien connu qu'ils auraient appelé le sexe. Car tout visait à développer la capacité personnelle à être vivant et à jouir, à apaiser, à éveiller l'excitation et à relier. Après l'arrivée de Extracteurs, la sexualité fut séparée du reste et les parties génitales également. Auparavant, chaque partie du corps était un portail doté d'un potentiel orgasmique. Les parties génitales étaient les plus évidentes, toutefois les V qui avaient le plus d'expérience et d'ardeur pouvaient atteindre l'orgasme rien qu'en se frottant les oreilles ou en touchant le bord interne de leurs chevilles. Les V consacraient leurs journées à développer cette capacité. Elles et ils consacraient souvent leurs journées au plaisir collectif. Plus on est nombreux, plus on s'amuse. Ils et elles apprenaient à onduler comme un seul corps. Cette ondulation de milliers de corps d'un même mouvement devenait un champ vibratoire, une force qui permettait aux V servant de passerelles ou de connecteurs d'amener l'énergie de la communauté à la rencontre de l'énergie de l'essence divine dans le losange de fusion. Les personnes douées de la capacité à être des passerelles étaient celles qui avaient libéré leurs corps de tous les blocages nés de la peur et de l'ego. Elles avaient consacré leur vie à devenir des intermédiaires, développant leur force pour pouvoir se déployer et se livrer aux énergies puissantes qui circulaient dans les deux sens. Ils et elles étaient comparables à des athlètes olympiques, mais c'étaient des Grands Prêtres et Grandes Prêtresses.

Tous les trois mois les V célébraient des cérémonies d'une semaine où tous les membres adultes de la communauté commençaient par se baigner dans leurs sources naturelles, s'huilaient le corps pour être libres et fluides, puis se disposaient comme un seul instrument humain, allongés côte à côte, en formations diverses, nus sur la terre dans le champ de mousse soyeuse orienté au nord. Des musiciens jouaient une musique extatique qui encourageait et lubrifiait leurs mouvements et accentuait leurs ondulations, les poussant dans un échange énergétique sauvage et des plus vivifiants. Dans le fin tissu de leur synchronicité, chacun et chacune naissait à son pouvoir. Elles et ils ne se sentaient pas diminué·e·s par la fusion de leurs ego individuels, mais soulagé·e·s et livré·e·s à la félicité de l'expansion sans fin. Et c'était pendant ces cérémonies que leurs connecteurs et connectrices bienheureux·ses ramenaient les messages, les sagesses et les conseils de l'essence divine ou de leurs êtres supérieurs. Tous leurs principes de vie venaient de ces rituels, les lois qui les guidaient comme leurs engagements mutuels. Ils n'étaient jamais remis en question ni contestés, puisque tout le monde avait participé à leur création et à leur transmission.

En cette époque particulière de traumatismes, qui est la nôtre, l'individu est vénéré et placé au-dessus de tout le reste, et nous voyons bien les grandes souffrances que cela engendre. De leur temps, les V n'avaient rien de tel que les usines, les mégafermes, les banques, les prisons, l'argent, la police, les États-nations, les soldats, les cartes de crédit, la bureaucratie ou les entrepôts ; rien qui anesthésie les gens, les traite comme moins qu'humains, les déshumanise à leurs propres yeux, les dévalorise, les sorte de leurs corps ou blesse leurs corps. Elles et ils ne connaissaient pas le mariage ni aucune forme de couple qui implique la propriété de l'autre ou la séparation du reste de la communauté.

Elles et ils ne connaissaient pas la punition, l'abandon, l'exclusion, la privation, la guerre, la pauvreté, la cruauté, les notes, les critiques, le handicap, les élites, le racisme qui aurait suggéré qu'ils et elles n'étaient pas un seul et même peuple. Leur plaisir se fondait sur la stupéfiante beauté de la diversité qui existait dans leurs rangs. La jalousie était rare, car tout le monde se sentait vu et embrassé par tout le monde. Chacun et chacune avait la certitude d'être une création de la terre parmi les autres. Comment alors ne pas s'aimer soi-même et s'aimer mutuellement, comment même juger que l'un ou l'une serait meilleur·e ou verrait plus juste que les autres, ou au contraire ne serait pas digne d'amour ? C'eût été la plus grande insulte à leur créatrice. Chaque personne arrivait avec ses particularités physiques, émotionnelles et psychologiques qui étaient des enseignements tant pour la personne que pour l'ensemble de la communauté. Si par exemple une personne était dépressive, on considérait que c'était un cadeau qui permettait aux autres de développer la patience et l'attention à autrui. Si quelqu'un naissait aveugle, il ou elle contribuait à renforcer et affiner le toucher, l'odorat, l'ouïe et la sensualité de la communauté. La joie de l'existence, c'était d'apprendre à répondre aux particularités émotionnelles et physiques de chacune et chacun.

Je n'avais encore jamais écrit sur les V. D'abord, parce que j'ai mis la plus grande partie de ma vie à être assez forte pour supporter l'insoutenable intensité du ressouvenir. Car dans les souvenirs il y avait le chagrin de ce qui avait été perdu. Dans les souvenirs il y avait la peine face à la cruauté. Dans les souvenirs il y avait, et il y a toujours, la rage devant la vaine stupidité des violents.

J'ai eu peur de partager ce dont je me souviens. Je sais combien ce monde peut se montrer cynique et critique. J'ai été blessée maintes et maintes fois par la méfiance froide de personnes non soignées qui saignent et sont brutales. Leurs railleries m'ont presque broyée, enfant. Et, quand j'avais cinquante et un ans, la douleur de toute la cruauté accumulée est devenue trop forte.

Au lieu de fabriquer de la vie, mon utérus a nourri une boule de mort. Celle-ci a grossi, grossi, traversé la paroi de l'utérus et s'est empressée d'attaquer d'autres parties de mon corps.

Grâce aux pouvoirs combinés de la médecine occidentale et des propriétés curatives de l'amour sacré, grâce aux pratiques chamaniques de destruction par le feu des blessures, des mensonges, des plaies traumatiques, des déformations et des mauvais choix, je suis renée aux arbres, à la terre, aux étoiles, au soleil et – ce fut le plus spectaculaire – à mon corps. Et comme c'est dans le corps que les souvenirs sont stockés, quand je suis revenue au mien, certains souvenirs en ont été libérés. Pourtant il y avait toujours quelque chose qui m'empêchait d'ouvrir le reste.

C'est seulement quand j'ai eu assez de force pour me hisser à l'intérieur de l'âme de mon père-prédateur, seulement quand j'ai été capable de comprendre qui il était et pourquoi, seulement quand je me suis autorisée à me laisser étreindre implacablement par son indicible angoisse, seulement quand j'ai été capable d'énumérer en détail ses crimes contre moi, seulement quand j'ai écrit sa demande de pardon circonstanciée, c'est seulement alors que j'ai enfin pu desserrer la main de l'Extracteur qui m'étreignait.

« Change de nom, a dit une voix peu après. Prends le nom de ta première famille, V. »

Vous aurez bien sûr vos doutes et vos railleries. « Sur quel fondement ? » « Quelle preuve ? » « Comment pouvons-nous être sûr·e·s que les V ont existé ? »

Le monde entier est une histoire inventée. Ceux qui détiennent le pouvoir en fixent les personnages, les angles, la forme. Je crois au pouvoir d'un nom – testament ou hommage, réveil à la mémoire ou évocation. Ce qui pourrait ressembler à un souvenir peut tout aussi bien être une prophétie.

C'est à nous d'en décider. Rien qu'à nous.

REMERCIEMENTS

À tous ceux qui ont contribué à ce que *Faire face* voie le jour :

Je suis entièrement redevable à Paula J. Allen, qui a passé des mois à compulser des piles de journaux, une foule d'articles et des magazines littéraires pour m'aider à identifier du matériel pour ce livre. *Faire face* n'aurait pas été possible sans toi. Je suis absolument ravie que tes magnifiques images jalonnent ces pages comme elles ont jalonné ma vie. Je célèbre notre sororité et nos nombreuses années à voyager ensemble de par cette planète miraculeuse et brisée.

Merci à mon éditrice, Nancy Miller, pour avoir cru en ce livre depuis le début, pour la finesse de votre regard et vos brillantes notes éditoriales, pour vos encouragements indéfectibles.

Un immense merci, Charlotte Sheedy, pour ton amitié de plus de quarante-cinq ans. Je ne peux pas imaginer ce qu'aurait été ma vie d'écrivaine sans toi. Tu es tout simplement la défenseuse et l'amie la plus visionnaire, dévouée, aimante, constante et intrépide qu'une écrivaine pourrait jamais avoir.

Merci, Tony Montenieri, pour ton soutien intelligent et entier, qui a rendu ce livre possible. Tu es tout simplement le meilleur.

Merci, Susan Celia Swan, Purva Panday Coleman, Rada Boric, Johann Hari, Alnoor Ladha, Cecilie Surasky, Alixa García, Alia Lahlou, Carole Black, Jennifer Buffett, Pat Mitchell, Jane Fonda,

Nicoletta Billi, Sue Grand, Diana DeVegh, Zillah Eisenstein, Nancy Rose et George Lane pour votre temps, vos éclairages, vos questions sur le manuscrit, et vos cœurs magnifiques.

Merci, Katharine Viner, et toute l'équipe du *Guardian*, qui m'avez donné un foyer pour de nouvelles idées.

Comme ce livre contient des écrits des quarante-cinq dernières années de ma vie, je salue mes chers amis et amies, collaboratrices, collaborateurs et camarades, mes sœurs en mouvement, mes amants et amantes, mes ancêtres, tous ceux et celles qui ont publié des textes à des périodes antérieures et tous ceux et celles qui m'ont inspirée, soutenue et fait bouger au fil du temps, en particulier James Baldwin, Samuel Beckett, Toni Morrisson, Muhammad Ali et, sœur de mon cœur, Arundhati Roy.

Merci à Christine Schuler Deschryver et au Dr Denis Mukwege pour un travail, un amour, une collaboration et un voyage en République démocratique du Congo d'une si grande profondeur.

Merci, Monique Wilson bien-aimée, pour la force de notre sororité et pour toutes ces longues soirées de Manille à Kingston pendant la pandémie.

Un immense merci à toi, Celeste, mon frère/sœur, pour notre vie à la Lotus Pond Farm où est né ce livre, pour ces massages de jambes qui guérissent, pour la profondeur de ta foi en mon travail et pour ta magie.

Pour Dylan, Coco et Niko : quelle chance, quelle bénédiction de pouvoir vous compter comme ma famille !

CRÉDITS

Crédits photographiques

Page 30 : Photo de Paula Allen.
Page 36 : Photo de Paula Allen.
Page 64 : Photo d'Ariel Orr Jordan.
Page 76 : Photo de Paula Allen.
Page 81 : Photo de Paula Allen.
Page 100 : Photo de l'Agencja Fotograficzna Caro/Alamy.
Page 112 : Photo de Paula Allen.
Page 123 : Photo de Paula Allen.
Page 148 : Photo de Mansi Thapliyal/Reuters Pictures.
Page 162 : Photo de Donata Guniero, life-pictures.com.
Page 170 : Photo de Paula Allen.
Page 174 : Photo de Paula Allen.
Page 185 : Photo de Brock Dolman.
Page 240 : Photo de V (anciennement Eve Ensler).
Page 250 : Photo de Paula Allen.
Page 265 : Photo de Alamy.

Crédits textes

(Les références données sont celles des textes originaux en anglais, dont les extraits cités ont été traduits pour cette édition française).

NOTE SUR L'AUTRICE

V (anciennement Eve Ensler) est une dramaturge lauréate du Tony Award, autrice, performeuse et activiste. Parmi ses nombreuses pièces figure *Les Monologues du vagin*, distinguée par le Obie Award et phénomène international, traduite dans quarante-huit langues et jouée dans plus de cent quarante pays. V est l'autrice de nombreux livres, notamment son dernier best-seller en date, *Pardon*, aujourd'hui traduit en vingt langues, et *Dans le corps du monde*, ainsi que *Je suis une créature émotionnelle*, qui a été best-seller du *New York Times.* Elle a joué à Broadway dans *The Good Body* et plus récemment off Broadway (la scène avant-garde new-yorkaise) au Manhattan Theater Club, dans la pièce *In the Body of the World*, saluée par les critiques. Elle a écrit le livret et co-écrit les paroles de *WILD : A Music Becoming*, dont la première a eu lieu à l'America Repertory Theater en 2021. C'est la fondatrice de V-Day, mouvement activiste mondial qui, depuis sa création il y a vingt-cinq ans, a levé cent vingt millions de dollars pour mettre fin aux violences contre les filles et les femmes (cisgenres, transgenres et de genre divers) et contre la planète, ainsi que de One Billion Rising, la plus grande action mondiale pour mettre fin aux violences de genre, dans plus de deux cents pays. Elle a cofondé la Cité de la joie, un centre révolutionnaire pour les survivantes de violences en République démocratique du Congo, avec Christine Schuler Deschryver et le Dr Denis Mukwege, lauréat du prix Nobel de la paix 2018. C'est l'une des « 150 femmes qui ont changé le monde » pour le magazine *Newsweek*, et des « 100 femmes les plus influentes » du *Guardian*. Elle écrit régulièrement pour le *Guardian*. Elle vit dans l'État de New York.

Table

Note de l'autrice 11
Introduction 13
Les mots brûlaient 23

I. MURS 25
Faites l'amour, défaites le mur 29
Ladies 35
J'étais drôle, à une époque 39
600 42

II. SIDA 47
Ange terroriste 51
Nous partons tous 55
Mesures extraordinaires 63
Paul 65
Paul 67
Pour Richard 69

III. FAIM D'UNE MÈRE 71
Chère maman, 75
Ma mère n'était pas ma mère 77

Si fragile 82
Le monde entier pleut 83
Bébé battu 84
Chères femmes blanches 90

IV. FÉMINICIDE 95
Le lit de Rachel 99
Les femmes laissées pour mortes et l'homme qui les sauve 106
Baptisée 125
Le Bureau de l'esclavage sexuel 126
Le patriarcat de catastrophe 134
Libérer le chant de l'oiseau 145

V. LE CHAGRIN 151
Pliage 155
Theresienstadt 159
Où toute la peine 165

VI. TOMBER 171
Comment vivre à la limite de ce qui n'est plus ? 177
Après les incendies 179
Chère (Terre) Mère, 181
Cigales 186

VII. PEAU 187
C'est comme ça qu'on l'aime 191
Prête à claquer du bec 193
La guerre a commencé 195
Tout se passera comme ça 198
Juste plus fort que toi, parfois 202
Qui deviendrons-nous sans contact physique ? 207

VIII. PRENDRE ACTE 213
Qu'il soit notre rassembleur 217
Garde-nous de la faim 222
L'art de demander pardon 226
Trouver sa place 241
Des roses grosses comme des soucoupes 250
À tous ceux qui osent nous priver de notre choix corporel 255
La révolution d'Ève 260
« Faire partie de ce pays qui souffre et qui danse » 277
Perturbations 281
« Est-ce le moment ? » 286
Et nous sautions 290

ÉPILOGUE 295
V : Songe autour de mon nouveau nom 297

Remerciements 309
Crédits 311
Note sur l'autrice 313

Composition : Utibi.
Achevé d'imprimer par Grafica Veneta S.p.A.
à Trebaseleghe (Pd), en octobre 2023.
Dépôt légal : novembre 2023.

ISBN 978-2-207-17820-1 / Imprimé en Italie.

600161